KB196834

김두관의 헌법개정 제안서

우리 모두의 제7공화국 기본법

김두관의 헌법개정 제안서

김두관 지음

우리 모두의
제7공화국
기본법

더봄

김두관의 헌법개정 제안서

제1판 1쇄 발행   2025년 2월 20일

지은이   김두관
펴낸이   김덕문
책임편집   손미정
디자인   블랙페퍼디자인
영업책임   이종률
제작   정우미디어

펴낸곳   더봄
등록일   2015년 4월 20일
주소   인천시 중구 흰바위로 59번길 8, 1013호(버터플라이시티)
대표전화   02-975-8007 ‖ **팩스** 02-975-8006
전자우편   thebom21@naver.com
블로그   blog.naver.com/thebom21

ⓒ 김두관, 2025
ISBN 979-11-92386-31-7 03360

이 책의 내용의 전부 또는 일부를 재사용하려면
반드시 저작권자와 출판사 더봄 양측의 동의를 받아야 합니다.
책값은 뒤표지에 표시되어 있습니다. 잘못된 책은 바꾸어 드립니다

저자의 말

세계적인 역사학자 유발 하라리는 그의 저서《사피엔
스》에서 인간의 3대 혁명 중에서 첫 혁명을 '인지혁명'이라
고 규정합니다. 대략 10만 년 전에서 7만 년 전 사이에 일
어난 것으로 보고 있습니다.

인간은 화식火食을 통해 소화기관의 부담을 확실히 줄
였다고 합니다. 날고기를 먹었을 때보다 훨씬 적은 에너지
로 음식을 소화할 수 있게 되었습니다. 여기에서 남는 에너
지는 뇌를 키우는 데 작용했습니다. 그래서 오늘날 인류는
모든 동물에 비해 뇌의 크기가 가장 큽니다.

뇌의 크기가 커지면서 인간은 새로운 것을 인지하는
능력이 자라납니다. 대략 5만 년 전의 것으로 추정되는 인
류의 흔적에는 머리는 동물의 모양이고 몸은 인간의 형상
을 하고 있는 것이 있다고 합니다. 현실에서는 있을 수 없
는 것을 머릿속의 상상으로 만들어 낸 것입니다. 유발 하라
리는 이것을 '인지혁명'이라고 명명했습니다. 현실에서는 존

재하지 않는 것을 믿는 힘. 이것은 인간에게 무한한 가능성을 만들어줍니다.

우리가 생각하는 '국가'라는 것도 따지고 보면 '상상'의 산물입니다. 국가는 우리가 상상한 개념으로 존재하지 실질적으로 보이거나 만질 수 있는 현실의 물건이 아닙니다. 하지만 누구나 국가라는 것이 존재함을 느낍니다. 이것 역시도 그 옛날 인류의 선조들이 얻게 된 상상의 능력 덕분이라고 생각합니다.

'인권'이라는 것도 모든 사람이 믿으면 생기지만 아무도 인정하지 않으면 존재할 수 없는 것입니다. 이렇게 따지면 인간 세상은 온통 '상상 속의 허구'로 가득차 있습니다.

국가라는 '상상의 개념'이 인권이라는 '상상의 가치'를 지키기 위해 노력한다는 것은 오로지 인간만이 할 수 있는 '상상의 영역'이라고 생각합니다.

헌법 역시도 온통 상상의 내용으로 가득차 있습니다. 헌법에서 규정하는 기본권 역시도 모두가 인정해야만 현실에서 작동되는 상상의 그 '무엇'입니다.

어쩌면 우리 인간들은 상상의 결과물을 헌법에 담아 놓고 이걸 실현시키며 살아가는 것인지도 모르겠습니다.

대한민국 헌법 제1조는 '대한민국은 민주공화국이다'라는 글귀입니다. 민주공화국 역시 인간의 머리에서 만들어낸 하나의 개념입니다. 하지만 우리는 이 개념을 현실에 '존재'시키기 위해 끊임없이 노력합니다.

대한민국이 지금 현재 '민주공화국' 상태여서 그렇게 써놓은 게 아니라 '민주공화국'이어야 한다는 의미로 적어놓은 것입니다. 그래서 헌법의 모든 문구는 현실의 서술이 아니라 당위의 선언입니다.

헌법은 한 나라의 기초가 되는 것을 규정한 일종의 사용설명서 같은 것입니다. 실질적으로는 국민의 삶을 담는 그릇이면서 현실에서는 국가 그 자체로 작동하기도 합니다. 우리 사회는 지금까지 여러 가지 어려움을 겪어 왔습니다. 1987년 6월 항쟁을 통해 대한민국 헌법을 바꾼 지 벌써 37년이 넘었습니다. 그동안 국제통화기금(IMF) 외환위기, 세월호와 이태원 참사 등을 거치면서 국가의 책임과 역할, 국민의 권리에 대한 인식이 크게 달라졌고, 새로운 대한민국을 요구하는 목소리는 더욱 커졌습니다. 37년이 지난 헌법으로는 이런 국민의 뜻을 온전히 따라가기 어렵게 되었습니다.

삐삐도 없던 시절에 만든 헌법으로 AI가 힘을 발휘하는 세상을 담을 수는 없습니다. 이제 국민들이 힘을 모아 대한민국의 운영 틀을 새롭게 만들어야 합니다. 지금까지 국회를 비롯한 정치권이 외면했으니 국민들이 나서는 게 더 빠를 것 같습니다. 최근에 개헌안을 만들고 수정하는 과정에서 매우 좋은 칼럼 하나를 읽었습니다. 이번 개헌의 의미를 폭넓게 잘 설명하고 있어 공유하고자 합니다.

'대권' 없애는 개헌이 필요하다

박은정(이화여대 명예교수)

정국 위기의 소용돌이 한편에서 헌정 개혁과 새 정치 문화에 대한 열망이 개헌 목소리로 모이고 있다. 온 국민의 일상을 뒤흔든 12.3계엄은 1987년 민주화 이후 우리 사회가 다원화하고 역동적으로 변화했는데도 대통령의 권위적 국정 운영과 후진적 정치 관행이 답습되면서 터져 나온 사태였다. 그간 대한민국은 민주적 시스템이 안정된 것처럼 보였지만, 평화적 정권교체라는 커튼을 젖히면 많은 문제가 드러난다. 제왕적 대통령부터 국정의 불연속성, 진영화된 국회, 민심의 대표성을 반영하지 못하는 선거제도, 정치의 사법화까지 여러 문제가 꼬리를 문다.

개헌은 임시방편으로는 더는 감당할 수 없게 된 이런 난제들을 구조적·제도적으로 정리하는 해결 수단이다. 물론 개헌만으로 권력남용이나 국민을 부끄럽게 하는 선거행태가 일거에 해소될 수 없다. 그러나 전 세계가 지켜보는 가운데 방향성을 잃고 위태로워진 우리 사회가 개헌과정을 거치면서 자기 성찰을 하고 새로운 민주적 에너지를 모아낸다면, 그 힘은 위기에 빠진 우리를 다시 일으켜 세울 수 있다.

개헌의 지향점은 '분권'이다. 이른바 '대권'을 없애는 개헌이 필요하다. 그간 개헌 의제를 권력구조 쪽보다는 주로 기본권 강화에 방점을 두고 제시해왔던 시민사회에서도 이번에는 분권형 개헌에 초점을 맞추고 있다. 정치와 국정운영에서 대통령제의 승자독식을 타파하고, 집행부와 입법부 사이에, 그리고 입법부 내에서 견제와 균형을 촉진하고, 더 나아가 중앙정부와 지방정부 사이에도 권력분산을 확대함으로써 '분권과 협치'를 제도화해야 한다.

이를테면 총리를 아예 국회에서 선출하게 하면 내각제에 가까운 고강도 분권이 된다. 국회에서 복수로 후보를 추천하고 대통령이 임명하게 한다면 낮은 강도의 분권이다. 이렇게 대통령과 총리 사이에 권력의 균형을 맞출 수 있도록 조정하는 것만으로도 총리의 정치적 공간을 넓힐 수 있다. 거기에 장관 국회동의제, 국무회의 의결기구화를 더하면 책임 장관을 통한 국정의 연속성을 꾀할 수 있다.

헌법재판소·대법원·감사원 등 헌법기관의 장 및 구성원에 대한 대통령의 인사권을 제한하는 것도 분권형 개헌의 주요과제다. 예컨대 헌재의 경우, 대통령·국회·대법원에서 각각 3인을 선임하는 현행 방식으로는 대통령이 국회와 대법원에 미치는 영향력을 차단하기 어려운 만큼, 추천위원회를 통해 최종적으로는 국회에서 선출하되 재적의원 3분의 2 이상의 찬성을 필요로 하도록 하면 중립성 확보가 강화된다. 헌법개정과 법률안에 대한 국민발안제, 국회의원에 대한 국민소환제 도입도 필요하다.

개헌을 실현하는 데는 사회적 합의가 중요하다. '분권'에 초점을 맞추고 단계적·선택적·절제적 접근을 할 수 있을 것이다. 그럴 경우라도 일각에서 거론하는 대통령 임기나 대선·총선 주기 맞추기 등의 원포인트 개헌, 대선 전 초단기 개헌, 개헌절차법 우선 등의 주장은 우려스럽다. 예컨대 분권 없는 4년 중임제는 재앙에 가깝다. 이런 주장들은 12.3 충격 등을 고려하더라도 목전의 정치 현안에 급급해 편향된 것으로

오해받기 쉽다. 40년 가까이 개헌이 불가능했다는 이유로 개헌 절차에서 국민투표를 생략하는 등, 개헌의 지나친 연성화 주장도 신중해야 할 문제다. 국민도 개헌안을 발의하고 국회의원 발의 요건도 완화하는 등으로 개헌 논의를 활성화하는 방안은 가능하다.

대한민국은 헌법 이슈를 정치권력이 통제하기에는 너무 역동적인 사회가 되었다. 분권형 개헌은 제왕적이 아닌 정상적인 대통령제를 확립하고, 온전한 민주공화국을 복원하는 일이다. 현실정치에서는 실패했지만, 아테네의 민주정과 로마의 공화정 이념은 지금까지 인류 문명의 토대를 이루고 있다. 그 핵심은 공동체 구성원들의 뜻을 수렴하는 유연한 절차와 공직자의 막강한 권력을 억제하는 장치다. 그런 구조가 법이 확보하는 압도적 권위의 원천이다. '더 나은 헌법' 만들기가 궁극적으로는 여야 정치권 못지않게 시민의 참여와 대화를 전제해야 하는 이유는 여기에 있다. '법의 지배'를 자신에게는 법이 적용되지 않는 '법에 의한 지배'로 착각하는 자칭 엘리트 정치인에게만 개헌을 맡겨둘 일이 아니다.

우리는 더 좋은 헌법을 만들고 그 안에 들어 있는 가치를 향해 나아가는 존재이기도 합니다. 그래서 이미 37년이나 지난 가치가 아닌 우리의 미래를 밝혀줄 가치를 헌법에 담는 것이 중요합니다.

무엇보다 국가의 존재 이유를 묻는 질문에 답변해야 합니다. 국민 모두가 어디서나 차별받지 않고 골고루 잘 살수 있게 해달라는 요구에 응해야 합니다. 그런 좋은 나라가 되기 위해서 꼭 필요한 것이 현실을 담으면서 미래를 지향하는 헌법입니다.

우리와 미래 세대가 살아갈 대한민국은 국민의 자유와 안전, 인간다운 삶을 보장해주는 나라, 국민의 참여와 의사가 반영되는 나라, 더 정의롭고 공정한, 그리고 중앙과 지방이 함께 잘 사는 나라여야 합니다.

정부구조를 개혁하여 대통령의 일극체제를 개선하고 정치가 투쟁이 아닌 국민생활을 책임지는 생산기지가 되어야 합니다.

헌법개정안을 생각하면서 '헌법'이라는 단어도 다시 되새겨 보았습니다. 한자식 표현인 '헌법'보다 '대한민국 기본법'이라는 표현이 변화된 현실에 더 맞지 않을까하는 생각도 하여 부제에 그렇게 달아보았습니다.

아직 많이 부족한 헌법개정안을 내놓습니다. 이 개헌안은 완성체가 아니라 논의의 시작점이라고 생각합니다. 이 책이 대한민국의 정치 변화에 작은 밑거름이 되기를 소망합니다.

2025년 2월

김두관

일러두기

1. 헌법에 관한 논의를 위해 최초의 임시정부 헌법에 해당하는 헌장을 내용에 담았습니다. 민주공화제로서 첫 헌법이라는 의미에서 그 내용을 그대로 담았습니다.

2. 민주공화제 헌법과 과거 군주제의 헌법을 비교하기 위해 1899년 대한제국 시절 반포한 대한제국 국제(헌법)도 포함시켰습니다. 비교해 보시면 좋을 것입니다.

3. 우리나라 헌법의 개정 역사를 표로 간략히 정리하였습니다.

4. 현행 대한민국 헌법의 조문을 하나씩 하나씩 정리하여 설명이 필요한 부분에 파란색으로 의견을 달았습니다.

5. 이 책에 들어 있는 내용은 국가법령정보센터(www.law.go.kr)에서 검색하시면 현행 헌법은 물론 각 시기별 개정한 헌법의 내용까지 검색이 가능합니다. 헌법의 개정을 이해하는 데 큰 도움이 될 것입니다.

6. 이오덕 선생이 생전에 펴내신 《대한민국 헌법》을 참고하였습니다. 이오덕 선생은 생전에 우리 헌법을 우리말로 고쳐 써야 한다는 주장을 하셨고, 실제로 우리말로 풀어서 원문과 대조한 책을 발간하기도 했습니다. 혹여 기회가 되신다면 이 책을 꼭 읽어보시기 바랍니다.

7. 대한민국 시민이라면 헌법을 10번은 읽어야 한다고 생각합니다. 대한민국 헌법은 우리 인류 문명이 쌓아놓은 금자탑 같은 내용으로 가득차 있습니다. 이 책이 아니어도 더 많은 시민들이 헌법과 친구가 되었으면 좋겠습니다. 헌법은 마음만 먹고 읽으면 하루면 충분합니다.

목차

I
대한민국 최초의
헌법과 변화

상해임시정부 임시헌장

3.1운동을 기점으로 성립된 상해임시정부 임시헌법 성격인 '임시헌장'은 다음과 같이 규정되어 있습니다.

제1조 대한민국은 민주공화제로 한다.

제2조 대한민국은 임시정부가 임시의정원의 결의에 의하여 통치한다.

제3조 대한민국의 인민은 남녀, 귀천 및 빈부의 계급이 없고 일체 평등하다.

제4조 대한민국의 인민은 종교, 언론, 저작, 출판, 결사, 집회, 통신, 주소 이전, 신체 및 소유의 자유를 누린다.

제5조 대한민국의 인민으로 공민 자격이 있는 자는 선거권과 피선거권이 있다.

제6조 대한민국의 인민은 교육, 납세 및 병역의 의무가 있다.

제7조 대한민국은 신神의 의사에 의해 건국한 정신을 세계에 발휘하고 나아가 인류문화 및 평화에 공헌하기 위해 국제 연맹에 가입한다.

제8조 대한민국은 구 황실을 우대한다.

제9조 생명형, 신체형 및 공창제公娼制를 전부 폐지한다.

제10조 임시정부는 국토 회복 후 만 1개년 내에 국회를 소집 한다.

- 제1조에서 우리나라의 국호國號를 '대한민국'으로 정하였 고, '민주공화정'을 우리나라의 정체성으로 규정했습니 다. 1919년 당시에는 비록 대한제국이 일본에 강제 병합 된 상태였지만 일반인들의 정치적 인식은 '대한제국'에 머물러 있었을 것입니다. 그런 상황에서 '민주공화정'을 채택했다는 것은 상당히 놀라운 변화입니다. 기원은 3.1 독립운동과 독립선언서에서 찾을 수 있습니다. 이는 3.1 독립선언서 첫 문장에 잘 표현되어 있습니다. '吾等은 玆에 我朝鮮의 獨立國임과 朝鮮人의 自主民임을 宣言 하노라(우리는 오늘 조선이 독립한 나라이며, 조선인이 이 나라 의 주인임을 선언한다).' 3.1독립운동은 '왕정복고운동'으로

발생한 것이 아니라 백성^民의 나라로의 독립을 선언한 전 국민적인 운동이었습니다. 바로 나라의 주인이 황제^帝가 아니라 국민^民(백성)임을 명확히 한 것입니다. '대한제국의 몰락'은 당연히 '대한민국의 설립'으로 이해한 것입니다. 결국 임시헌장 제1조는 선각자 일부의 생각이 아니라 2천만 民의 항쟁으로 만들어진 임시정부 헌장입니다. 다른 나라의 경우, 왕정이 무너지고 나면 대부분 왕정복고 운동이 펼쳐지는 데 반해 우리나라 독립운동에서는 단 한 번도 '왕정복고' 움직임이 없었습니다.

- 제2조에서 권력의 분리를 선언합니다. 대한민국 권력의 구조를 '임시정부'가 '임시의정원'(국회)의 결의에 의하여 통치한다고 규정하여 입법과 행정의 권력을 분리했음을 보여줍니다. 당시로서는 매우 선진적인 개념이었습니다.

- 제3조에서 남녀차별이 없고 신분과 빈부에 따른 계급이 없음을 선언하였습니다. 1994년 갑오경장을 기점으로 조선시대 계급이 사라졌지만 사회적으로 1919년에는 엄연한 계급과 남녀의 차이가 존재했다는 점에서 이 조항은 시대에 비해 매우 앞서간 선진적인 내용입니다.

- 제4조에서 민주공화국에서 누려야 할 기본적인 자유와 권리를 천명하였습니다. 종교, 언론, 저작, 출판, 결사, 집

회, 통신, 주소 이전, 신체 및 소유의 자유 등을 모두 명시하여 민주공화국다운 면모를 과시하고 있습니다. 이역시 시대에 비해 매우 발전된 내용입니다.

- 제5조에서 모든 국민에게 선거권과 피선거권이 있음을 선언하여 권력의 성립이 주권자의 선출과 피선출로 이뤄져야 한다는 국민주권을 선언하였습니다.

- 제6조에서 국민의 의무를 규정하였는데 납세와 병역과 더불어 '교육'도 의무로 지정하였습니다. 당시 시대 상황으로 보면 상당히 획기적인 내용입니다.

- 제7조에서 대한민국의 국제적 역할에 대해 천명하고 있습니다. 여기에서 신神은 종교적 개념보다는 우리나라 건국신화에 등장하는 '단군'과 '환웅', '환인'을 통칭하는 것으로 이해해야 합니다. 이를 통해 우리 민족이 세운 나라의 유구함과 더불어 건국의 정당성을 표현하였습니다. 또한 당시 국제사회의 국가동맹체인 '국제연맹'에 가입하는 것을 원론적으로 선언하여 국제적인 역할이 중요하다는 사실도 인식하고 있었습니다.

- 제8조에서 '대한제국 황실'에 대한 우대원칙을 천명합니다. 비록 민주공화정을 선언했지만 당시 국민들의 정서를 반영하는 것으로 보입니다.

- 제9조에서 사형제도와 태형제도 폐지를 선언합니다. 또한 조선시대부터 운영되어온 '공창제도 폐지'를 선언하여 국가의 도덕성을 높이고자 했습니다. 오늘날도 완전히 폐지하지 못한 사형제도를 1919년 당시에 선언적으로 폐지했다는 사실이 놀랍습니다.
- 제10조에서 광복 이후의 행보를 밝히고 있습니다. 원래의 국토인 한반도를 회복하면 1년의 준비 기간을 두고 정식으로 '국회'를 소집한다고 선언하고 있습니다.

이 임시헌장은 조소앙 선생이 초안을 쓴 것으로 알려져 있습니다. 당시의 시대 상황과 비교해 보면 조소앙 선생이 서구의 정치구조와 인권 등에 대해 얼마나 깊은 지식이 있었는지를 보여주고 있습니다. 이 임시헌장은 1919년 4월 11일 임시의정원에서 선포문을 채택하고 이틀 후인 13일에 공표하였는데, 선포문은 다음과 같습니다. 다소 어려운 문장이지만 이 당시 임시의정원이 어떤 의미로 임시헌장을 선포했는지를 보여주고 있습니다.

"신인일치로 중외 협응하여 한성에서 기의한 지 30유여 일有餘日에 평화적 독립을 300여 주에 광복하고, 국민의 신임으로 완전히 다시 조직한 임시정부는 항구 완전한 자주독립의 복리로 아 자손 여민黎民에게 세전世傳키 위하여 임시의정원의 결의로 임시헌장을 선포하노라."

1919년 9월 11일, 이 임시헌장은 임시헌법으로 수정되어 선포됩니다. 이때 선포된 임시헌법은 기존의 내용을 대폭 보강하였고, 명칭을 '헌장'에서 '헌법'으로 변경하였습니다. 대한민국 임시 헌장이 총 10개 조로 된 간략한 내용이었던 데 반해, 대한민국 임시헌법은 총 8장 58조의 방대한 내용으로 구성되어 있습니다.

이에 대한 자세한 내용은 책자의 구성상 제외하였으나 관심 있는 분들은 국가법령정보센터(www.law.go.kr)에서 '근대법령'으로 검색하시면 모든 자료를 보실 수 있습니다.

아래 표는 임시정부 시절에 진행된 개헌의 기록입니다. 비록 임시정부였지만 임시정부, 임시의정원을 절차적으로 운영했다는 반증이기도 합니다. 우리 선조들은 비록 나라를 잃고 해외에서 임시정부를 운영했지만 상황과 필요에 따라 다양한 개헌을 지속적으로 해왔습니다.

번호	법령명	공포일자	법령종류	시행일자
1	대한민국임시헌장	1919. 4. 11.	임시정부법령	1919. 4. 11.
2	대한민국임시헌법	1919. 9. 11.	임시정부법령	1919. 9. 11.
3	대한민국임시헌법	1925. 4. 7.	임시정부법령	1925. 7. 7.
4	대한민국임시약헌	1927. 3. 5.	임시정부법령	1927. 4. 11.
5	대한민국임시약헌	1940. 10. 9.	임시정부법령	1940. 10. 9.
6	대한민국임시헌장	1944. 4. 22.	임시정부법령	1944. 4. 22.

위에 소개한 '대한민국 임시헌장'은 10개 조항으로 구성된 임시헌법의 성격이 강합니다. 하지만 현재의 대한민국 헌법이 담고 있는 '민주공화제'를 비롯하여 남녀차별의 철폐, 계급의 불인정, 국민의 자유와 권리 등을 광범위하게 담고 있어서 당시 우리 선조들의 민주주의적 관점을 잘 보여주는 귀중한 역사적 자료입니다.

대한제국 국제

이러한 '민주공화제'에 기반한 헌법이 얼마나 큰 변화인가를 이해하기 위해서는 1899년 발표한 '대한제국' 시절의 헌법을 비교해서 읽는 게 좋습니다. 그래야 '제국'帝國과 '민국'民國의 차이를 이해할 수 있습니다. 오늘날 헌법에 해당하는 용어는 대한제국 국제大韓帝國 國制입니다. 이 내용을 읽어보면 상대적으로 '임시정부 헌장'이 얼마나 발전한 것인지를 이해하게 됩니다. 다만 원문은 한자 중심으로 구성되어 있어 이를 현대식 표현으로 수정하였습니다.

대한제국 국제大韓帝國 國制

제1조, 대한국大韓國은 세계만국世界萬國에 공인公認된 자주독립自主獨立한 제국帝國이다.

제2조, 대한제국大韓帝國의 정치政治는 이전以前으로는 오백년五百

^年을 전래^{傳來}하시고 이후부터는 항만세^{恒萬歲} 불변^{不變}하오실 전제정치^{專制政治}이니라.

제3조, 대한국 대황제^{大皇帝}께옵서는 무한^{無限}하온 군권^{君權}을 향유^{享有}하옵시느니 공법^{公法}에 이르는 바 자립정체^{自立政體}이니라.

제4조, 대한국 신민^{臣民}이 대황제^{大皇帝}의 향유^{享有}하시는 군권^{君權}을 침손^{侵損}할 행위^{行爲}가 있으면 그 행위의 사전^{事前}과 사후^{事後}를 막론^{莫論}하고 신민의 도리^{道理}를 잃은 자^者로 인정^{認定}할 것이다.

제5조, 대한국 대황제^{大皇帝}께서는 국내^{國內} 육해군^{陸海軍}을 통솔^{統率}하시어 편제^{編制}를 정^定하시고 계엄^{戒嚴}과 해엄^{解嚴}을 명^命하신다.

제6조, 대한국 대황제께옵서는 법률^{法律}을 제정^{制定}하옵셔서 그 반포와 집행^{執行}을 명령^{命令}하옵시고 만국^{萬國}의 공공^{公共}한 법률을 효방^{效倣}하사 국내 법률로 개정^{改正}하옵시고 대사^{大赦}·특사^{特赦}·감형^{減刑}·복권^{復權}을 명^命하옵시느니 공법^{公法}에 이르는 바 자정율례^{自定律例}이니라.

제7조, 대한국 대황제께옵서는 행정 각 부부^{府部}의 관제와 문무관의 봉급을 제정 혹은 개정하옵시고 행정상 필요한 칙령을 발하옵시느니 공법에 이르는 바 자행치리^{自行治理}이니

라.

제8조, 대한국 대황제께옵서는 문무관의 출척黜陟·임면을 행하옵시고 작위·훈장 및 기타 영전榮典을 수여 혹은 체탈遞奪하옵시느니 공법에 이르는 바 자선신공自選臣工이니라.

제9조, 대한국 대황제께옵서는 각 국가에 사신을 파송 주찰駐紮케 하옵시고 선전·강화 및 제반약조를 체결하옵시느니 공법에 이르는 바 자견사신自遣使臣이니라.

- 제1조에서 '대한민국'이 아니라 '대한국'이라고 표현합니다. '민국'이 아니라 '제국'이라는 의미를 담고 있는데 '대한국'이 국제사회에 공인되었다는 '존재감'을 표현하고 있습니다.

- 제2조에서 '대한제국'의 정치는 조선시대 500년을 이어받았다는 표현을 강조하며 '황제'가 국가의 주인임을 분명하게 밝힙니다.

- 제3조에서는 '황제'의 권한이 '한계'가 없음을 선언합니다. 군주제 국가에서는 당연한 표현이라 할 수 있습니다.

- 제4조에서는 '황제'의 존엄에 대해 규정합니다. '황제'에

대한 의심조차도 '신민'의 자격을 박탈한다는 무서운 조항이 들어 있습니다. 여기에서 '신민의 자격 박탈'은 곧 죽음을 의미합니다. 군주제 국가에서는 일반적인 조항입니다.

- 제5조에서는 '황제'의 군통수권을 표현하고 있습니다. 황제는 군대와 관련한 모든 권한을 가지고 있다는 선언입니다.
- 제6조에서는 입법권이 '황제'에 속하며 '외교권' 역시 절대적으로 '황제권'에 속한다는 표현을 담고 있습니다. 말 그대로 '전제정치' 구조입니다.
- 제7조에서는 황제가 행정부 수반으로서의 내치권도 포괄하고 있다는 선언입니다. 법령은 물론 행정적 칙령을 모두 발할 수 있는 막강한 권한을 가지고 있습니다.
- 제8조에서는 황제의 공무원 임면권과 작위, 훈장 포상권을 규정하고 있습니다.
- 제9조에서는 황제의 외교권뿐만 아니라 선전포고, 대사 임명 등의 전권을 규정하고 있습니다.

대한제국 국제를 읽어보면 고종황제가 마치 신격화되어 있다는 느낌을 받습니다. 이것이 1899년의 한반도의 정치적 정서였다면 20년이 지난 1919년 대한민국 임시정부 임시헌장의 느낌은 100년 이상 차이가 난다는 느낌을 받습니다. 여러분들의 느낌은 어떠신가요?

　현재의 시점에서 읽어보면 조금 낯설 수도 있는 내용이지만 실제 '군주제' 국가에서는 매우 일반적인 규정이라고 할 수 있습니다. 이런 이유로 '군주제'인가 '공화제'인가가 국민들의 삶에 매우 중대한 변화를 가져온다고 할 수 있습니다.

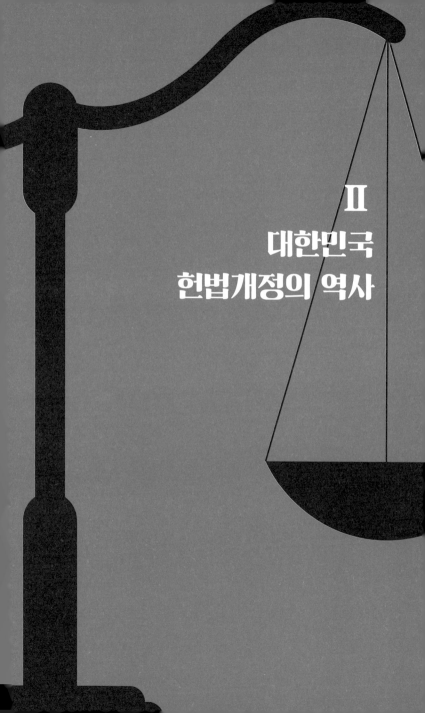

Ⅱ
대한민국
헌법개정의 역사

대한민국 헌법개정 약사略史

대한민국 헌법은 지금까지 총 9차례에 걸쳐 개정했습니다. 아래의 표는 각 개헌마다 중요한 특징을 정리했습니다.

회차	날짜	간격	주요내용
0	1948.07.17		• 제헌헌법 제정
1	1952.07.04	4년	• 대통령 직선제, 양원제, 발췌개헌
2	1954.11.27	2년	• 이승만 대통령 3선을 위한 사사오입 개헌
3	1960.06.15	6년	• 4.19혁명 이후 내각제와 양원제 전환 개헌
4	1960.11.29	5개월	• 반민주행위자 처벌을 위한 부칙조항 개헌
5	1962.12.02	2년	• 대통령제 환원, 단원제 복귀, 제3공화국 출범 • 최초의 개헌 국민투표실시
6	1969.10.21	7년	• 박정희 대통령 3선을 위한 임기조항 개헌
7	1972.12.27	3년	• 유신개헌 • 유정회, 통일주체국민회의 간선제 도입
8	1980.12.27	8년	• 신군부 집권에 따른 개헌, 7년 단임제 도입
9	1987.10.29	7년	• 민주항쟁 이후 대통령 직선제 도입, 5년단임제

기계적 계산이지만 위의 표를 보면 개정 기간이 가장 길었던 것이 8년입니다. 하지만 현행 헌법은 38년째 개정이 되지 않고 있습니다. 38년간 헌법을 한 번도 개정하지 않은 나라는 경성헌법의 대표격인 미국 외에는 없지 않을까 생각합니다.

상대적으로 다른 사례이긴 하지만 스위스의 경우, 거의 2~3년에 한 번씩 개헌을 합니다. 매번 큰 내용의 변화보다는 그때그때 필요한 사항을 국민투표로 결정하는 방식입니다. 우리가 38년째 같은 내용의 헌법을 쓰고 있다는 것은 우리 헌법이 현실의 변화를 담고 있지 못하다는 반증이기도 합니다.

대한민국 제헌헌법(1948.07.17.)

제헌헌법은 대한민국 정부 수립 당시 제정된 사실상의 실질적인 헌법이라고 할 수 있습니다. 제헌헌법과 관련된 기록을 보면 맨 처음 초안 당시 우리나라 제헌헌법은 의원내각제, 양원제를 기반으로 하고 있었으나 이승만 대통령의 강력한 주장으로 대통령제로 바뀌었다는 것이 정설입니다.

제헌헌법을 논의하는 과정에서 나온 가장 핵심 문제는 소급입법이었습니다. 대부분의 국가에서 소급입법을 원칙적으로 금지하고 있는 데 반해 친일파 청산은 분명한 소급입법이어서 이 문제가 논란이 되었습니다. 더구나 정부 수립 이전의 일이었기 때문에 정부 수립 이전의 일을 새롭게 만드는 정부가 처벌할 수 있는가가 당시에도 상당한 논쟁이었습니다.

이러한 문제를 해결하고자 하나의 법률로 처리하지 않고 제헌헌법 부칙에 "이 헌법을 제정한 국회는 서기 1945

년 8월 15일 이전의 악질적인 반민족 행위자를 처벌하는 특별법을 제정할 수 있다"는 문구를 넣었습니다. 소급입법 논란을 회피할 수 있는 방법으로 헌법 부칙을 택한 것입니다. 또한 국회의원의 임기를 4년으로 정했지만 제헌의원 임기는 2년으로 제한하기도 했습니다. 그로 인해 1950년 5월 30일 제2대 국회의원 선거가 실시되었습니다.

제헌헌법과 관련한 기록은 《헌법의 순간》(박혁, 페이퍼로드, 2024)을 참고하시기 바랍니다. 헌법 초안을 가지고 강독회를 진행하면서 우리 선조들이 어떤 고민을 가지고 헌법을 만들었나를 실감나게 구성한 책입니다. 오늘날 읽어보아도 그 당시의 선조들이 어떤 걱정을 했는지, 왜 그런 결론을 냈는지, 고뇌는 무엇이었는지를 알 수 있는 책입니다. 《처음 읽는 헌법》(조유진, 이학사, 2017)도 우리나라 제헌헌법을 둘러싼 흥미진진한 이야기를 접할 수 있습니다.

제헌헌법은 매우 훌륭한 내용을 갖추고 있었습니다. 현행 헌법보다 훨씬 진보적인 성향을 담고 있습니다. 지금 읽어봐도 놀랄 정도입니다. 만약 지금 이런 조항에 대한 논의를 한다면 '좌파논쟁'을 불러올 내용이 그 당시에는 당당히 헌법에 들어 있었습니다. 제가 읽어본 대한민국 헌법 중에서 가장 훌륭한 정신을 가지고 있었던 것이 제헌헌법이 아닌가 생각합니다.

　최근 현실에서 벌어지고 있는 대통령 탄핵과 관련해서 제헌헌법의 조항을 살펴보면, 당시에는 헌법재판소가 없었기 때문에 대통령 탄핵을 심사하는 기구는 임시 기구 성격인 '탄핵재판소'라는 특별재판부였습니다. 이 탄핵재판소는 대법관 5인과 국회의원 5인이 구성하도록 되어 있으며, 대법원장이 재판소장을 하도록 규정되어 있었습니다.

　모든 심판을 법관이 해야 한다는 우리의 현재 인식과 국회의원도 재판관이 될 수 있다는 당시 시대적 차이를 느낄 수 있습니다.

　제헌헌법부터 각 개정된 헌법 내용은 '국가법령정보센터'에서 검색하시면 당시의 원문을 그대로 찾아볼 수 있습니다.

1차 개헌헌법(1952.07.04.)

1952년 전쟁 당시 임시수도 부산에서 이승만 정부는 대통령 직선제와 국회 양원제를 골자로 하는 개헌안을 제출하였으나 부결되었고, 국회에서는 의원내각제를 골자로 하는 개헌안을 제출하였습니다.

제31조

입법권은 국회가 행한다. 국회는 민의원과 참의원으로써 구성한다

제32조

양원은 국민의 보통, 평등, 직접, 비밀투표에 의하여 선거된 의원으로써 조직한다.

누구든지 양원의 의원을 겸할 수 없다.

국회의원의 정수와 선거에 관한 사항은 법률로써 정한다.

제33조

민의원의원의 임기는 4년으로 한다.

참의원의원의 임기는 6년으로 하고 2년마다 의원의 3분지
1을 개선한다.

당시에는 대통령을 국회에서 선출하였는데 전쟁 과정
에서 보여준 모습으로 국회에서 대통령으로 당선되는 것은
사실상 불가능하다고 판단하여 직선제를 제안했고 또한
국회를 양원제로 만들어 상원을 부통령이 장악하는 형식
으로 생각했습니다.

이후 개헌안이 계속 표류되면서 5월 26일, 국회의원이
탄 출근버스를 견인하여 국제공산당의 지령을 받은 혐의
가 있다는 이유로 감금하는 등 사실상의 친위구테타가 벌
어지기도 했습니다. 이러한 복잡한 과정을 거쳐 결국 7월
7일, 정부제출안과 국회제출안에서 일부의 내용을 발췌하
여 양원제, 대통령 직선제, 국회의 국무위원 불신임권을 골
자로 하는 개정안이 만들어지고 기립 투표로 개헌표결을
진행하여 상당한 위헌논란이 벌어지기도 했습니다.

이 과정을 '부산정치파동'이라고 하며, 개헌 목적은 분
명한 이승만 대통령의 연임이었습니다. 이 과정에서 김성수

부통령은 '민주주의를 유린한 행위'라며 이승만 정권에 강한 적대감을 드러내고 5월 29일, 국회에 사퇴서를 제출하고 부통령직을 사퇴하기도 하였습니다.

이때 양원제로 개헌은 되었지만 1960년 제2공화국 수립 이전까지 상원 투표는 없었기 때문에 헌법에는 양원제, 현실에서는 단원제로 운영되는 정치 비극이 발생하기도 했습니다.

2차 개헌헌법(1954.11.27.)

　　우리 역사에서 부끄러운 개헌 중의 하나가 바로 2차 개헌입니다. 일명 '사사오입 개헌'이라고 부르는데, 이승만 대통령의 3연임을 위해 개헌을 시도하였지만 국회에서 가결 정족수가 애매하게 되자 숫자를 반올림하여 개헌을 통과시키는 웃지 못할 일이 벌어졌습니다.

　　이승만 대통령은 제헌의회에서 국회의장이 되었다가 대통령을 국회에서 선출하는 방식에 따라 초대 대통령에 당선됩니다. 그 이후 1952년 전쟁 중에 개헌을 통해 국민직접 투표로 대통령 재선에 성공합니다. 전쟁 기간 중 선거가 공정하게 치러질 가능성이 매우 낮았던 점을 참고해야 합니다.

　　이때 헌법에는 중임만 가능하도록 되어 있어서 3선을 하려면 개헌이 필요했습니다. 바로 2차 개헌은 이런 필요에 따라 반올림 방식으로 진행된 개헌이었습니다. 이때의 개헌은 국민투표가 아니라 국회에서 통과되는 방식이었습니다.

3차 개헌헌법(1960.06.15.)

3차 개헌은 4.19혁명 이후 새로운 정부 체계를 세우기 위한 개헌이었습니다. 이미 잘 알려진 것처럼 이승만 대통령은 1960년 3월 15일 치러진 대통령 선거에서 심각한 부정선거를 저질렀고, 이러한 부정선거는 격렬한 민중의 반발을 불러 왔습니다. 이 사건을 계기로 4.19혁명이 발생하면서 이승만 대통령은 하와이로 망명길에 올랐고, 새로운 헌법을 통해 내각제와 양원제를 근간으로 하는 제2공화국이 등장합니다.

이 헌법개정을 통해 새롭게 만들어진 대한민국 체제의 특징은 의원내각제입니다. 대통령은 선출하되 실질권한은 없고 총리가 실질적인 정부의 수반을 맡는 체제였습니다. 특히 이 개헌에서 대한민국 국회가 양원제로 변화됩니다. 양원제는 현재 미국, 일본, 독일, 영국 등 상당수의 나라에서 운영되는 일명 상하원 방식을 말합니다. 우리나라 양원제는 일본과 비슷하게 참의원(상원)과 민의원(하원)으로 구분하였습니다.

우리나라 국회는 1948년 개원 당시 서울시 종로구에 있던 중앙청건물을 사용하였고, 1954년부터는 현재의 서울특별시의회 본관을 사용하다가, 1975년 9월 1일에 현재의 여의도 국회의사당을 준공하여 오늘날까지 사용하고 있습니다.

현재 국회의사당 본관 안에 있는 '예결위원회 회의실' 구조를 보면 본회의장과 똑같은 구조를 가지고 있다는 점을 알 수 있습니다. 이 회의실이 이런 구조를 갖게 된 것은 혹여 국회가 양원제로 바뀔 경우 상원 회의실로 쓰기 위해 본회의장과 똑같은 구조로 설계했기 때문입니다. 이런 것이 바로 3차 개헌의 영향이라고 볼 수 있습니다. 이때의 개헌도 국민투표가 아닌 국회에서 통과되는 방식이었습니다.

양원제는 이번 헌법개정 때도 고려해볼 필요가 있습니다. 양원제 도입의 가장 큰 이유는 지역별 대표성입니다. 상원을 구성하는 방식은 다양하게 생각할 수 있습니다. 미국처럼 지역별 동일한 인원을 선출하거나 독일처럼 인구와 면적을 고려해서 약간의 차등을 두는 방식입니다. 임기도 하원과 동일하게 하거나 1차 개헌에서 나온 것처럼 6년과 4년 방식으로 조정할 수도 있습니다.

4차 개헌헌법(1960.11.29.)

  3차 개헌으로 제2공화국이 성립하였지만 이 헌법은 5개월 만에 다시 개정합니다. 많은 조문을 개헌한 것은 아니고 3.15 부정선거 관련자에 대한 처벌을 위해 부칙조항을 개정하여 소급법을 만들 수 있도록 한 것입니다. 소급법 입법 논란은 제헌헌법 당시부터 제기된 문제였기 때문에 제헌의회의 사례를 준용하여 헌법 부칙에 처벌 조항을 새롭게 넣은 것입니다.

  이 헌법 시행 당시의 국회는 단기 4293년 3월 15일에 실시된 대통령, 부통령선거에 관련하여 부정행위를 한 자와 그 부정행위에 항의하는 국민에 대하여 살상 기타의 부정행위를 한 자를 처벌 또는 단기 4293년 4월 26일 이전에 특정 지위에 있음을 이용하여 현저한 반민주행위를 한 자의 공민권을 제한하기 위한 특별법을 제정할 수 있으며 단기 4293

년 4월 26일 이전에 지위 또는 권력을 이용하여 부정한 방법으로 재산을 축적한 자에 대한 행정상 또는 형사상의 처리를 하기 위하여 특별법을 제정할 수 있다. <신설 1960. 11. 29.>

전항의 형사사건을 처리하기 위하여 특별재판소와 특별검찰부를 둘 수 있다. <신설 1960. 11. 29.>

전2항의 규정에 의한 특별법은 이를 제정한 후 다시 개정하지 못한다. <신설 1960. 11. 29.>

제4차 개헌은 정부의 구조, 국회의 체계 개편이 아닌 3.15·부정선거 관련자들의 처벌을 강화하라는 대중적 압박에 따라 국회에서 개헌안을 통과시킨 것에 불과했습니다.

5차 개헌헌법(1962.12.02.)

5차 개헌은 5.16군사쿠데타를 배경으로 합니다. 박정희 대통령은 군사쿠데타를 통해 권력을 장악하고 개정된 헌법을 국민투표에 부칩니다. 이때 처음으로 국민들이 직접 개헌에 관하여 투표를 하게 됩니다. 개헌의 관점에서 보면 한 단계 발전했다는 표현이 더 정확할 것 같습니다. 그러나 당시의 정치 상황에서 정치군인들이 내놓은 헌법에 반대표를 던질 수 있었을까를 생각하면 국민투표라는 형식은 좋았지만 진정한 자유투표였는가는 독자 여러분들의 판단에 맡기겠습니다.

5차 개헌헌법을 기준으로 대한민국은 제3공화국으로 접어듭니다. 이 헌법을 통해 내각제는 폐지되고 국회도 양원제에서 단원제로 개편되었습니다. 헌법개정의 기간으로 보면 우리나라에서 내각제와 양원제는 약 2년 6개월 정도로 매우 짧은 경험을 가지고 있습니다.

6차 개헌헌법(1969.10.21.)

1969년 10월에 박정희 대통령은 새로운 헌법개정안을 국민투표에 부칩니다. 개정안의 핵심은 박정희 대통령의 3선 연임을 가능하게 하는 것이었습니다. 정치권과 시민들 사이에서 3선 반대 운동이 격렬히 일어났지만 국민투표에 의한 개헌안이 통과되면서 박정희 대통령이 1970년 대통령 선거에 출마할 수 있는 길이 열립니다.

이승만 대통령이 기어이 3선 연임 헌법을 통과시키면서 영구집권이라는 망상을 생각한 것처럼 박정희 대통령도 이 6차 개헌을 통해 계속 집권에 대한 욕심을 드러냈다고 볼 수 있습니다.

7차 개헌헌법(1972.12.27.)

7차 개헌은 우리에게 '유신헌법'으로 잘 알려진 개헌입니다. 박정희 대통령은 일본의 메이지유신을 새로운 나라의 기틀을 만든 매우 성공한 혁명으로 생각했습니다. 그래서 그 이름을 따서 '유신'이라는 이름을 즐겨 사용했습니다. 그러나 유신헌법은 말 그대로 박정희 대통령의 영구집권을 위한 개헌이었습니다.

1970년 김대중 후보와의 대결에서 가까스로 이긴 박정희 대통령은 대통령 선거를 국민투표가 아닌 '통일주체국민회의'라는 조직을 만들어서 이 조직의 대의원이 대통령 선거인단이 되는 반민주적 방식을 사용했습니다. 사실상 이런 방식의 선거인단이면 영구적으로 집권하는 것이 가능했습니다.

특히 유신헌법에서는 헌법 제1조 2항도 개정하는데, '②대한민국의 주권은 국민에게 있고, 국민은 그 대표자나 국민투표에 의하여 주권을 행사한다'로 변경했습니다. 개헌사에서 최초로 헌법 1조 내용이 바뀐 것입니다.

제1조

① 대한민국은 민주공화국이다.

② 대한민국의 주권은 국민에게 있고, 국민은 그 대표자나

국민투표에 의하여 주권을 행사한다.

이 조항은 국민의 직접적인 참정권이 아닌 대표자를 규정하여 통일주체국민회의 대의원을 통해 선거권을 행사한다는 의미를 담았습니다. 또한 영장청구권과 관련하여 그전 헌법까지는 '검찰관의 신청에 의하여 법관이 발부한 영장'이라는 표현이었으나 '검사의 청구에 의하여 법관이 발부한 영장'이라는 문구가 삽입되면서 검사의 절대적 영장청구권이 확립됩니다. 이 조항은 현재의 헌법에도 그대로 유지되어 있기 때문에 이 조항으로 인해 검찰개혁이 여러 가지 한계에 부딪히게 되었습니다.

원래의 제헌헌법에서는 앞의 단서 조항 없이 '법관이 발부한 영장'이라는 문구였다가 개헌을 거치면서 '검찰관

의 신청에 의하여'로 바뀐 것이 아예 '검사의 청구에 의하여'로 변경되면서 오늘날 검찰 공화국의 바탕을 만들게 되었습니다.

이 유신헌법의 초안은 김기춘이 작성했다는 설이 유력합니다. 애초 유신헌법을 만든 것으로 알려진 헌법학자 한태연은 2001년 12월 8일 한국헌법학회가 개최한 '역사와 헌법' 학술대회에서 유신헌법과 관련해 당시 신직수 법무부 장관과 김기춘 검사가 초안을 작성했다고 술회했습니다. 다만 장관이 실무적으로 작성할 가능성이 매우 낮기 때문에 사실상 김기춘이 작성했다고 추정하는 것이 현실적일 것입니다. 당시 그의 나이 33세였습니다. 김기춘이 '검사'의 영장 청구 독점권을 확고히 하기 위해 이 조항을 넣었다는 것이 거의 정설로 받아들여지고 있습니다. 만약 앞으로 개헌을 한다면 제헌헌법 수준으로 고쳐야 할 중요한 부분입니다.

유신헌법은 우리나라 헌법 역사상 가장 독재적인 내용으로 구성되었습니다. 대통령은 독자적인 판단 아래 긴급조치를 선포할 수 있고 국민 기본권을 영장없이 제한할 수 있도록 했으며, 언론과 출판에 대해 허가와 사전 검열제가 가능했습니다. 군인이나 군속, 경찰공무원 등은 공무 집행

중 발생한 피해에 대해 배상 청구를 하지 못하게 하였습니다.

특히 통일주체국민회의 대의원들이 국회의원의 1/3을 선출하도록 했는데, 실제로는 대통령이 지명한 명단을 가지고 찬반투표를 했기 때문에 사실상 대통령이 국회의원 1/3을 임명한 것이나 다름없었습니다. 통일주체국민회의에서 선출된 국회의원을 '유정회 국회의원'이라고 불렀습니다.

유신헌법에는 국회의 과반수를 넘는 의원이 긴급조치 해제를 찬성하여 이를 건의하면 대통령은 이에 응해야 하는 조항이 있기도 했지만 유정회 국회의원들이 있었기 때문에 이는 사실상 불가능한 조항으로 치부되었습니다. 유신헌법은 우리나라 개헌사에서 가장 악독하고 부끄러운 역사입니다.

8차 개헌헌법(1980.12.27.)

1979년 10.26사태로 유신 체제는 붕괴하였으나 전두환 등 일단의 군인들에 의해 12.12군사쿠데타가 발생합니다. 이후 서울의 봄이라는 민주화 요구 분위기가 확산되자 1980년 5월 17일에 전두환은 전국에 비상계엄을 확대하고 광주 시민들의 민주화요구를 유혈 진압하면서 이후 5월 31일에 설치되는 국가보위비상대책위원회에서 개헌안 초안을 만들어 개헌을 추진하게 됩니다.

5.17내란 이후 기능이 거의 완전히 마비되었던 국회는 헌법 부칙에 따라 10월 27일에 해산당했고, 새로운 정치질서의 확립을 명목으로 정당들도 모두 해산당했습니다. 이후 1981년 4월 11일 제11대 국회가 구성되기 전까지는 국가보위비상대책위원회가 확대개편된 국가보위 입법회의에서 입법권을 행사하는 헌정중단 상황이 지속되었습니다.

이 8차 개정된 헌법에서는 대통령의 임기가 7년 단임제로 변경되었고, 대통령의 긴급조치권이 폐지되었습니다.

정부 수립 이후 여러 번 발생한 임기연장 개헌을 막고자 임기 연장이나 중임 변경을 위한 헌법개정은 개정 제안 당시의 대통령에게는 효력이 없다는 규정이 신설되기도 했습니다. 개헌을 통한 장기 집권을 못하도록 헌법조항에 임기 관련 사항을 명문화해 놓은 것은 나름대로 변화로 볼 수 있습니다. 또한 법관의 임명권을 대통령에서 대법원장에게 돌려주면서 사법부의 독립성을 어느 정도 회복할 수 있었습니다.

이 개정을 통해 유신헌법에서 규제한 국민기본권은 상당 부분 회복되었고, 새롭게 행복추구권이 신설되는 등 전향적인 면도 있었습니다. 또한 형사 피고인의 무죄추정원칙을 신설하기도 하였으며, 연좌제 폐지 및 환경권을 신설하였고, 적정 임금을 보장해야 한다는 규정도 신설하는 등 상당히 유화적인 움직임도 있었습니다.

그러나 유신헌법의 가장 핵심적인 문제였던 대통령 간선제는 유지되었고 대통령의 의회해산권을 유지했으며 헌법상 비례대표제의 근거조항을 삽입하였는데, 이는 법률을 통해 여당이 비례대표 의원의 2/3를 장악하기 위한 방편이었습니다. 유신헌법에 비하면 나아지긴 했지만 핵심적인 사안은 반민주적 형태를 띠었다고 볼 수 있습니다.

9차 개헌헌법(1987.10.29.)

　1987년 1월 서울대생 박종철 군 고문치사 사건이 발생하면서 정국은 뜨겁게 달아올랐습니다. 그 상황에서 4월 13일, 전두환의 호헌발표는 야당은 물론 국민들의 가슴에 불을 질렀습니다.

　이어 천주교 정의구현사제단에 의해 박종철 군 고문치사 사건이 조작되었음이 알려지면서 정국은 회오리바람 속으로 들어갑니다. 이 와중에 6월 9일 연세대학교 이한열 군이 경찰의 최루탄에 맞아 사경을 헤매던 중, 6월 10일 전두환이 노태우를 후계자로 지명하는 민정당 행사가 개최되자 전 국민들이 떨쳐 일어나는 시민항쟁으로 확대됩니다.

　확대된 시민항쟁은 전국 주요도시에서 동시다발로 불타올랐으며 소위 넥타이 부대라 불리던 직장인들까지 대거 참여하면서 정국은 소용돌이 속으로 빠져듭니다. 이로 인해 노태우는 6.29선언으로 대통령 직선제 수용을 밝히고 이후 개헌작업에 나서게 됩니다. 이 개헌으로 비로소 제대로 된 민주적 헌법을 합법적 절차로 개헌하였을 뿐만 아니라 현행 헌법재판소 운영에 이르기까지 사회에 큰 영향과 발전을 가져오게 됩니다.

헌법 전문에서는 최초로 대한민국 임시정부의 법통 계승을 분명하게 명문화하였는데, 이는 제헌헌법에서 '기미 삼일운동으로 대한민국을 건국하였다' 정도로 언급되었던 것을 넘어서 6공화국이 임시정부의 법통을 계승하였다는 점을 명확히 하는 성과를 낳기도 했습니다.

유구한 역사와 전통에 빛나는 우리들 대한국민은 기미 삼일 운동으로 대한민국을 건립하여 세계에 선포한 위대한 독립 정신을 계승하여 이제 민주독립국가를 재건함에 있어서 정 의인도와 동포애로써 민족의 단결을 공고히 하며 모든 사회 적 폐습을 타파하고 민주주의제도를 수립하여 정치, 경제, 사회, 문화의 모든 영역에 있어서 각인의 기회를 균등히 하 고 능력을 최고도로 발휘케 하며 각인의 책임과 의무를 완 수케하여 안으로는 국민생활의 균등한 향상을 기하고 밖으 로는 항구적인 국제평화의 유지에 노력하여 우리들과 우리들의 자손의 안전과 자유와 행복을 영원히 확보할 것을 결의하고 우리들의 정당 또한 자유로히 선거된 대표로써 구성된 국회에서 단기 4281년 7월 12일 이 헌법을 제정한다.

권력제도 측면에서 대통령 5년 단임제가 확정되었고, 국회는 폐지된 국정감사권을 다시 회복했으며, 헌법재판소가 부활하고, 판사 임명에 있어 대법원장 독단이 아닌 대법관 회의의 동의라는 견제 장치가 마련되기도 했습니다. 핵심적으로는 대통령의 국회해산권이 사라졌습니다.

기본권 측면에서는 자유를 다시 폭넓게 보장하기 위해 적법절차 조항과 체포, 구속 시 고지 및 가족에게 통지할 것을 명문화하고 언론, 출판, 집회, 결사에 대한 허가 및 검열을 원래 헌법대로 금지하였습니다. 이 조항 덕에 1990년대 중반까지 존재했던 음반과 영화에 대한 사전심의가 헌법재판소의 위헌 판결을 받았고, 음반은 사후심의로, 영화는 등급분류로 전환되기도 했습니다. 복지의 측면에서는 비록 명목상이지만 최저임금제가 도입되었습니다.

Ⅲ
김두관의
헌법개정안

일상생활과 조금 멀게 느껴져 왔던 헌법이 시민들의 삶 속으로 들어왔습니다. 오랜 시간 헌법개정을 주장해 온 한 사람으로서 반갑지 않을 수 없습니다. 이런 변화를 만들어 준 사건이 위헌적 계엄 선포이며 그 당사자가 윤석열 대통령이라는 점에서 역사의 아이러니를 다시 발견합니다.

헌법은 우리나라의 최고 권위를 차지하는 법입니다. 그래서 '憲法'이라는 단어 자체도 우리말로 풀어 쓰면, '법법'이라는 뜻이 됩니다. '법 위의 법'이라는 편리한 해설도 있습니다. 저는 헌법이 단순한 법전이 아니라 대한민국 그 자체라고 생각합니다. 국가란 국민이기도 하지만 헌법 그 자체이기도 하다는 것이 저의 생각입니다.

인류 역사 3대 시민혁명 중 하나로 불리는 '미국독립혁명' 과정에서 제대로 조명되지 않은 사람이 토마스 페인입니다. 토마스 페인은 개인적으로 불행한 삶을 살았지만 미국 독립에 커다란 족적을 남겼습니다.

그는 〈상식〉이라는 소책자를 통해 왜 미국이 독립해야 하는가를 설파했으며, 독립된 국가는 반드시 '헌법'을 왕좌에 올려야 한다고 주장했습니다. 결과적으로 미국은 인류 문명사에 가장 빛나는 헌법을 가지고 인류 역사 최초로 왕과 귀족이 없는 나라를 만들었고, 이 틀은 현재까지 거의 모든 문명국가의 기초가 되고 있습니다.

저는 이것이 토마스 페인의 〈상식〉이라는 책에서 시작되었다고 믿습니다. 토마스 페인은 이 책에서 왜 아메리카 식민지가 영국으로부터 독립해야 하는지, 새롭게 건설할 독립국가가 왜 군주(왕)가 중심이 되어서는 안 되며 '헌법'을 바탕으로 세워야 하는지도 단순명쾌하게 설파했습니다.

당시에는 유럽에서 새로운 꿈을 펼치기 위해 아메리카 대륙으로 건너 온 사람이 상당히 많았습니다. 아메리카 식민지 13개 주에 대략 260만 명이 있었는데, 약 80%가 문맹자로 추정됩니다. 그럼에도 이 책은 1년 만에 15만 부 넘게 팔렸다고 합니다. 또한 문맹자들을 위해 각지에서 '토마스 페인의 상식' 낭독회가 열렸다고 하니 그의 영향력이 얼마나 컸는지 짐작해 볼 수 있습니다. 작은 소망이 있다면 저의 개헌안이 토마스 페인의 〈상식〉처럼 많은 사람들에게

읽히고 논의를 물꼬를 트는 계기가 되었으면 좋겠습니다.

저는 전문적인 헌법학자는 아니지만 누구보다 오랫동안 줄기차게 '개헌'의 필요성을 역설해 왔고, 많은 사람들과 어떤 내용을 어떻게 바꿔야 하는지를 논의해 왔습니다. 이 많은 논의 가운데에서 가장 완성된 형태로 발표된 것이 2018년 '문재인 대통령 개헌안'입니다. 문재인 대통령 개헌안은 대통령 발의로 국회에 송부되었지만 당시 국회의 무관심으로 결국 '투표불성립' 처리, 폐기되었습니다. 안타까운 일입니다.

이 책은 문재인 대통령 개헌안을 기본으로 하여 저 김두관이 지금까지 생각해온 개헌안을 담았습니다. 어떤 것은 문재인 대통령의 개헌안에 동의하는 것도 있고, 조금 더 고쳤으면 하는 것도 있습니다.

개헌안을 준비하면서 다음의 몇 가지 원칙을 생각했습니다.

첫째, 가장 중요한 것은 '분권형 개헌'입니다. 대한민국 정치의 불행은 너무 강한 대통령 권한에서 비롯되었습니다. 이번 윤석열 대통령의 위헌적 계엄령도 대통령의 압도적인 권한에서 비롯되었습니다. 이를 개선하기 위해 자치와 분권이 강화되어야 합니다. 국무총리를 국회에서 선출하여 권한을 분산시키고 대통령이 가지고 있는 계엄선포권도 삭제해야 합니다. 긴급조치에 따른 요건도 강화하고 사면권도 대통령이 함부로 할 수 없도록 조정해야 합니다. 또한 지방정부에 자주조직권을 부여하는 등 자치행정권, 자치입법권을 강화하는 것이 현재 우리가 직면한 여러 가지 문제를 해결하는 중요한 계기가 될 것입니다. 지방정부의 자치권이 주민으로부터 나온다는 것을 명시하여 주민이 지방정부를 조직하고 운영하는 데 참여할 권리를 가진다는 점을 명확히 할 필요가 있습니다. 주민발안, 주민투표, 주민소환도 헌법적으로 도입해야 합니다.

둘째, 기본권과 국민주권을 확대하고 강화해야 합니다. 사회적 약자의 권리도 더 강화하는 방향으로 헌법을 바꿔야 합니다. 생명권과 안전권, 알 권리, 자기정보통제권, 사회보장을 받을 권리와 성별·장애 등에 따른 차별개선을 명확히 명기해야 합니다. 1919년 임시정부 임시헌장에서도 선언한 사형제도 폐지도 추가해야 합니다.

셋째, 경제질서와 관련해 불평등과 불공정을 시정하고자 하는 조항이 꼭 필요합니다. 우리나라 경제발전에 큰 영향을 미친 재벌구조는 이제 시대적 역할을 다 했다고 봐야 합니다. 경제민주화의 영역이 꼭 필요합니다. 경제주체 간의 상생을 강조하고 토지공개념의 내용을 분명히 하여 공동체의 문제를 지혜로 풀어야 합니다.

넷째, 선거연령을 18세로 낮추고, 국회의원 선거의 비례성 원칙을 천명하는 것도 중요한 문제입니다. 그동안 선거운동방해법이라고 조롱당하던 것을 감안하여 선거운동의 자유를 최대한 보장하는 것도 필요합니다. 국민의 참정권을 근본적으로 제한하는 것은 최소화해야 합니다.

다섯째, 사법제도를 개선해야 합니다. 법원의 판결에 불복하는 일은 최대한 줄여야 합니다. 그러자면 법원의 공정성을 높여야 합니다. 대법원장의 인사권을 분산하고 절차적 통제를 강화하여 사법제도의 개혁을 도모해야 합니다. 미국의 상징처럼 되어 있는 국민참여 재판이 새로운 사법개혁의 청신호가 되도록 해야 합니다. 평시 군사법원을 폐지하여 더 공정한 재판을 받도록 하고, 헌법재판관의 경우

법조인이 아니어도 할 수 있도록 문호를 개방해야 합니다.

재판은 오로지 판사만 할 수 있는 것이 아닙니다. 마찬가지로 개헌은 오로지 법조인만 할 수 있다거나 국민들은 몰라도 된다거나 하는 말은 옳지 않습니다. 개헌은 주권자인 국민들의 총의가 모여야 합니다. 그게 원칙입니다. 비록 다양한 논란이 있을 수 있는 초안이지만 여러분께 내놓고 선보이자 합니다. 이것이 완벽한 개헌안이어서가 아니라 이런 초안을 가지고 다양한 논의를 시작해 보자는 생각이 더 큽니다. 여러분들의 열띤 토론과 의견 개진, 소통과 경청을 기대합니다.

이 개헌안은 이오덕 선생이 고친 원문 한글형 헌법 조항(고딕체)에 저의 생각을 덧붙여 수정(바탕색)한 것으로, 향후 헌법뿐만 아니라 모든 법들이 국민 모두가 읽고 이해하기 쉽게 고쳐야 한다는 원칙을 가지고 만들었습니다. 지금 새롭게 불고 있는 개헌에 대한 시민들의 관심을 불러 모으기 위한 것입니다.

제가 제안드리는 개헌안을 가지고 많은 분들의 다양한 의견이 더해져 가장 빛나는 헌법으로 결실을 맺기를 희망

합니다. 그래서 이 책은 개헌논의의 작은 촛불입니다. 이 촛불로 개헌논의가 우리 사회에서 '들불'로 커졌으면 합니다.

전문

유구한 역사와 전통에 빛나는 우리 대한국민은 3.1운동으로 건립된 대한민국임시정부의 법통과 불의에 항거한 4.19민주이념을 계승하고, 조국의 민주개혁과 평화적 통일의 사명에 입각하여 정의·인도와 동포애로써 민족의 단결을 공고히 하고, 모든 사회적 폐습과 불의를 타파하며, 자율과 조화를 바탕으로 자유민주적 기본질서를 더욱 확고히 하여 정치·경제·사회·문화의 모든 영역에 있어서 각인의 기회를 균등히 하고, 능력을 최고도로 발휘하게 하며, 자유와 권리에 따르는 책임과 의무를 완수하게 하여, 안으로는 국민생활의 균등한 향상을 기하고 밖으로는 항구적인 세계평화와 인류공영에 이바지함으로써 우리들과 우리들의 자손의 안전과 자유와 행복을 영원히 확보할 것을 다짐하면서 1948년 7월 12일에 제정되고 9차에 걸쳐 개정된 헌법을 이제 국회의 의결을 거쳐 국민투표에 의하여 개정한다.

오랜 역사와 전통에 빛나는 우리 대한국민은 3.1운동으로
세운 대한민국 임시정부의 법통과 불의에 항거한 4.19민주
이념과 부마민주항쟁, 5.18민주화운동과 6.10시민항쟁의 정
신을 이어받고, 조국의 민주개혁과 평화 통일의 사명을 따라
서 정의·인도와 동포 사랑으로 겨레의 단결을 튼튼히 하고,
모든 사회의 나쁜 버릇과 옳지 못함을 깨뜨리며, 지역 스스
로 자기의 앞날을 헤쳐나갈 자치와 분권의 원칙에 따라 자
율과 어울림을 바탕으로 자유민주주의의 기본질서를 더욱
튼튼히 하여 정치·경제·사회·문화의 모든 영역에서 사람마
다 기회를 고르게 하고, 능력을 한껏 떨쳐내게 하며, 자유와
권리에 따르는 책임과 의무를 다하게 하여, 안으로는 국민
생활을 고르게 높이고 밖으로는 오래 세계평화와 인류가 함
께 번영하는 데에 이바지함으로써 우리들과 우리 자손의 안
정과 자유와 행복을 영원히 마련할 것을 다짐하면서 1948
년 7월 12일 제정하고 아홉 번에 걸쳐 고친 헌법을 이제 국
회의 의결을 거쳐 국민투표에 따라서 고친다.

❚ 위 전문에 대한 개정 내용은 2018년 문재인 대통령
이 제안한 내용을 바탕으로 수정한 것입니다. 이 정도의

개정에는 큰 틀에서 이견이 없을 것입니다. 지난 2022년 대선에서 여야 후보 모두 5.18민주화운동을 헌법 전문에 넣는 것을 공약한 바도 있기 때문에 이에 대한 사회적 합의는 어느 정도 이뤄졌다고 보는 것이 합리적입니다.

그 당시 여러 가지 개헌 논의 가운데 단군정신을 비롯한 동학농민혁명 정신 등에 대한 제안이 있었으나 헌법은 과거 역사에 대한 서술이 아니라 말 그대로 '대한민국의 헌법'이기 때문에 대한민국 임시정부 수립 이후의 내용을 바탕으로 하는 것이 더 이상의 논란 확대를 줄이는 길이라고 생각합니다.

제1장 총강

제1조

① 대한민국은 민주공화국이다.

② 대한민국의 주권은 국민에게 있고, 모든 권력은 국민으로부터 나온다.

제1조

① 대한민국은 민주공화국이다.

② 대한민국의 주권은 국민에게 있고, 모든 권력은 국민으로부터 나온다.

③ 대한민국은 지역별 분권을 바탕으로 자치의 원리를 지향한다.(신설)

┃ 헌법 제1조는 대한민국의 국체와 정체를 규정하는 중요한 조항입니다. 여기에 대한민국이 어떤 원리로 작동하는가에 대한 대원칙을 천명할 필요가 있습니다. 민주공

화국 원칙과 주권재민 원칙에 더해 '지역별 분권을 바탕으로 자치의 원리를 지향한다'는 구체적인 표현이 들어가야 한다고 생각합니다.

제2조

① 대한민국의 국민이 되는 요건은 법률로 정한다.

② 국가는 법률이 정하는 바에 의하여 재외국민을 보호할 의무를 진다.

제2조

① 대한민국의 국민이 되는 요건은 법률로 정한다.

② 국가는 법률이 정하는 바에 따라 재외국민을 보호할 의무를 진다.

❚ 내용의 변화없이 우리말 문장을 매끄럽게 하여 의미를 정확히 하고자 하는 것입니다.

제3조

대한민국의 영토는 한반도와 그 부속도서로 한다.

제3조

① 대한민국의 영토는 원칙적으로 한반도와 그 부속도서
로 한다. 다만 남북통일을 통해 실질적인 주권의 효력이
미칠 수 있는 환경이 마련되기 이전까지는 현재의 휴전
선을 행정적, 군사적 국경으로 인정한다.

② 대한민국 수도에 관한 사항은 법률로 정한다.(신설)

▌ 기존의 영토개념을 포기하고 현실적인 국경인 휴전
선 이남의 영토와 부속도서로 하자는 주장도 있습니다. 그
렇게 되면 대한민국의 원칙적, 선언적 국토가 사라지는 문
제가 있어 통일 이전까지는 휴전선을 사실상의 국경으로
보는 것으로 조정해야 한다는 입장입니다. 개헌논의 과정
에서 충분한 의견개진이 필요할 것입니다.

이 부분에 대해서는 여러 가지 논란과 주장들이 있을
것입니다. 제2항은 현재 법률 미비 상태인 수도에 관한 조
항을 명확히 하여 과거 '관습헌법 판결'과 같은 상황을 반
복하지 않기 위해 필요한 조항입니다.

제4조

 대한민국은 통일을 지향하며, 자유민주적 기본질서에 입각한

 평화적 통일정책을 수립하고 이를 추진한다.

제4조

 대한민국은 통일을 지향하며, 자유민주적 기본질서에 바

 탕을 둔 평화 통일정책을 수립하여 추진한다.

❚ 내용의 변화없이 우리말 문장을 매끄럽게 하였습니다.

제5조

 ① 대한민국은 국제평화의 유지에 노력하고 침략적 전쟁을 부

　 인한다.

 ② 국군은 국가의 안전보장과 국토방위의 신성한 의무를 수행

　 함을 사명으로 하며, 그 정치적 중립성은 준수된다.

제5조

 ① 대한민국은 국제평화를 유지하기 위하여 노력하고 침

　 략적 전쟁을 부인한다.

② 국군은 국가의 안전보장과 국토방위의 신성한 의무를
수행함을 사명으로 하며, 그 정치적 중립성을 지킨다.

▎ 내용의 변화없이 우리말 문장을 매끄럽게 하여 의미
를 정확히 하고자 하는 것입니다.

제6조

① 헌법에 의하여 체결·공포된 조약과 일반적으로 승인된 국제
법규는 국내법과 같은 효력을 가진다.

② 외국인은 국제법과 조약이 정하는 바에 의하여 그 지위가
보장된다.

제6조

① 헌법에 따라 체결·공포된 조약과 일반적으로 승인된 국
제법규는 국내법과 같은 효력을 가진다.

② 외국인에게는 국제법과 조약으로 정하는 바에 따라 그
지위를 보장한다.

▎ 내용의 변화없이 우리말 문장을 매끄럽게 하였습니다.

제7조

① 공무원은 국민전체에 대한 봉사자이며, 국민에 대하여 책임
을 진다.

② 공무원의 신분과 정치적 중립성은 법률이 정하는 바에 의
하여 보장된다.

제7조

① 공무원은 국민 전체에게 봉사하며, 국민에 대하여 책임
을 진다.

② 공무원의 신분은 법률로 정하는 바에 따라 보장된다.

③ 공무원은 직무를 수행할 때 원칙적으로 정치적 중립을
지켜야 한다. 다만 정무직 공무원의 정치참여 범위는 별
도의 법률로 정한다.

④ 공무원은 재직 중은 물론 퇴직 후에도 공무원의 직무상
공정성과 청렴성을 훼손해서는 안 된다.(신설)

▌ 이 조항은 공무원의 정치적 중립과 관련되어 중요한
논쟁점이 있습니다. 정무직 공무원은 기계적인 중립의무를
부과하기 어려운 측면이 있습니다. 원칙적으로는 중립의 의
무를 천명하면서도 현실적인 한계를 법률에 위임하여 조정

할 필요가 있다고 판단합니다. 또한 전관예우 등의 문제를 방지하기 위해 제4항에서 규정한 퇴직 이후의 공정성과 청렴성 부분도 추가하였습니다.

제8조

① 정당의 설립은 자유이며, 복수정당제는 보장된다.

② 정당은 그 목적, 조직과 활동이 민주적이어야 하며, 국민의 정치적 의사형성에 참여하는 데 필요한 조직을 가져야 한다.

③ 정당은 법률이 정하는 바에 의하여 국가의 보호를 받으며, 국가는 법률이 정하는 바에 의하여 정당운영에 필요한 자금을 보조할 수 있다.

④ 정당의 목적이나 활동이 민주적 기본질서에 위배될 때에는 정부는 헌법재판소에 그 해산을 제소할 수 있고, 정당은 헌법재판소의 심판에 의하여 해산된다.

제8조

① 정당은 자유롭게 설립할 수 있으며, 복수정당제는 보장된다.

② 정당은 그 목적·조직과 활동이 민주적이어야 한다.

③ 정당은 법률로 정하는 바에 따라 국가의 보호를 받으며, 국가는 정당한 목적과 공정한 기준으로 법률로 정하는 바에 따라 정당운영에 필요한 자금을 보조할 수 있다.

④ 정부는 정당의 목적이나 활동이 민주적 기본질서에 위반될 때에는 헌법재판소에 정당의 해산을 제소할 수 있고, 제소된 정당은 헌법재판소의 심판에 따라 해산된다.

❙ 특별한 내용의 변화없이 문맥의 수정을 통해 내용을 명확히 하였습니다. 큰 조문의 변화가 없지만 불필요한 문장을 삭제하여 정당의 활동 조건을 '민주적'이어야 한다는 조건으로 조정하여 정당활동의 자율성을 높였습니다.

제9조

국가는 전통문화의 계승·발전과 민족문화의 창달에 노력하여야 한다.

제9조

국가는 문화의 자율성과 다양성을 증진하고, 전통문화를 발전적으로 계승하기 위하여 노력해야 한다.

❚ 국가의 의무를 전통문화에만 국한하지 않고 문화의 자율성과 다양성 존중을 원칙적으로 천명하였으면 '민족문화'라는 단어보다는 '전통문화'라는 용어를 씀으로써 시대변화에 맞게 수정하였습니다.

제2장 국민의 권리와 의무

제10조

모든 국민은 인간으로서의 존엄과 가치를 가지며, 행복을 추구할 권리를 가진다. 국가는 개인이 가지는 불가침의 기본적 인권을 확인하고 이를 보장할 의무를 진다.

제10조

모든 사람은 인간으로서 존엄과 가치를 가지며, 행복을 추구할 권리를 가진다. 국가는 개인이 가지는 불가침의 기본적 인권을 확인하고 보장할 의무를 진다.

┃ 모든 '국민'을 모든 '사람'으로 수정였습니다. 이를 통해 인간이 누리는 보편적 인권을 상향하기 위한 근거를 마련하고자 하였습니다.

제11조

① 모든 국민은 법 앞에 평등하다. 누구든지 성별·종교 또는 사회적 신분에 의하여 정치적·경제적·사회적·문화적 생활의 모든 영역에 있어서 차별을 받지 아니한다.

② 사회적 특수계급의 제도는 인정되지 아니하며, 어떠한 형태로도 이를 창설할 수 없다.

③ 훈장 등의 영전은 이를 받은 자에게만 효력이 있고, 어떠한 특권도 이에 따르지 아니한다.

제11조

① 모든 사람은 법 앞에 평등하다. 누구도 성별·종교·장애·연령·인종·지역 또는 사회적 신분을 이유로 정치적·경제적·사회적·문화적 생활의 모든 영역에서 차별을 받아서는 안 된다.

② 국가는 성별 또는 장애 등으로 인한 차별 상태를 시정하고 실질적 평등을 실현하기 위해 노력해야 한다.(신설)

③ 사회적 특수계급 제도는 인정되지 않으며, 어떠한 형태로도 창설할 수 없다.

④ 훈장을 비롯한 영전榮典은 받은 자에게만 효력이 있고, 어떠한 특권도 따르지 않는다.

▎ '모든 국민'을 '모든 사람'으로 변경하여 인류의 보편적 인권을 반영하여 비록 외국인이라 하더라도 법 앞에 평등하다는 헌법의 대원칙을 담고자 했습니다. 특히 '장애'와 '문화적 생활'까지 포괄하여 더 넓은 범위의 인권을 증진하는 것으로 수정하였고 문장을 가다듬었습니다.

제12조(신설)

모든 사람은 생명권을 가지며, 신체와 정신을 훼손당하지 않을 권리를 가진다. 사형제도는 폐지한다.

▎ 12조는 신설되는 조항으로, 생명권과 신체와 정신에 대한 기본적 권리를 천명하였습니다. 또한 많은 논쟁을 불러온 사형제도 폐지를 헌법에 선언하였습니다. 우리나라 임시정부 헌장에는 원칙적인 신체형과 사형제 폐지를 선언하였습니다. 1919년 인권정신으로 돌아가야 합니다.

제12조

① 모든 국민은 신체의 자유를 가진다. 누구든지 법률에 의하지 아니하고는 체포·구속·압수·수색 또는 심문을 받지 아니

하며, 법률과 적법한 절차에 의하지 아니하고는 처벌·보안처분 또는 강제노역을 받지 아니한다.

② 모든 국민은 고문을 받지 아니하며, 형사상 자기에게 불리한 진술을 강요당하지 아니한다.

③ 체포·구속·압수 또는 수색을 할 때에는 적법한 절차에 따라 검사의 신청에 의하여 법관이 발부한 영장을 제시하여야 한다. 다만, 현행범인인 경우와 장기 3년 이상의 형에 해당하는 죄를 범하고 도피 또는 증거인멸의 염려가 있을 때에는 사후에 영장을 청구할 수 있다.

④ 누구든지 체포 또는 구속을 당한 때에는 즉시 변호인의 조력을 받을 권리를 가진다. 다만, 형사피고인이 스스로 변호인을 구할 수 없을 때에는 법률이 정하는 바에 의하여 국가가 변호인을 붙인다.

⑤ 누구든지 체포 또는 구속의 이유와 변호인의 조력을 받을 권리가 있음을 고지받지 아니하고는 체포 또는 구속을 당하지 아니한다. 체포 또는 구속을 당한 자의 가족 등 법률이 정하는 자에게는 그 이유와 일시·장소가 지체없이 통지되어야 한다.

⑥ 누구든지 체포 또는 구속을 당한 때에는 적부의 심사를 법원에 청구할 권리를 가진다.

⑦ 피고인의 자백이 고문·폭행·협박·구속의 부당한 장기화 또는 기망 기타의 방법에 의하여 자의로 진술된 것이 아니라고 인정될 때 또는 정식재판에 있어서 피고인의 자백이 그에게 불리한 유일한 증거일 때에는 이를 유죄의 증거로 삼거나 이를 이유로 처벌할 수 없다.

제13조

① 모든 사람은 신체의 자유를 가진다. 누구도 법률에 따르지 않고는 체포·구속·압수·수색 또는 심문을 받지 않으며, 법률과 적법한 절차에 따르지 않고는 처벌·보안처분 또는 강제노역을 받지 않는다.

② 누구도 고문당하지 않으며, 형사상 자기에게 불리한 진술을 강요당하지 않는다.

③ 체포·구속이나 압수·수색을 하려 할 때에는 적법한 절차에 따라 청구되고 법관이 발부한 영장을 제시해야 한다. 다만, 현행범인인 경우와 장기 3년 이상의 형에 해당하는 죄를 범하고 도피하거나 증거를 없앨 염려가 있는 경우 사후에 영장을 청구할 수 있다.

④ 누구나 체포 또는 구속을 당한 경우 즉시 변호인의 도움을 받을 권리를 가진다. 형사피의자 또는 형사피고인

이 스스로 변호인을 구할 수 없을 때에는 법률로 정하는 바에 따라 국가가 변호인을 선임하여 도움을 받도록 해야 한다.

⑤ 체포나 구속의 이유, 변호인의 도움을 받을 권리와 자기에게 불리한 진술을 강요당하지 않을 권리가 있음을 고지받지 않고는 누구도 체포나 구속을 당하지 않는다. 체포나 구속을 당한 사람의 가족 등 법률로 정하는 사람에게는 그 이유와 일시·장소를 지체없이 통지해야 한다.

⑥ 체포나 구속을 당한 사람은 법원에 그 적부適否의 심사를 청구할 권리를 가진다.

⑦ 고문·폭행·협박·부당한 장기간의 구속 또는 기망欺罔, 그 밖의 방법으로 말미암아 자의自意로 진술하지 않은 것으로 인정되는 피고인의 자백, 또는 정식재판에서 자기에게 불리한 유일한 증거가 되는 피고인의 자백은 유죄의 증거로 삼을 수 없으며, 그런 자백을 이유로 처벌할 수도 없다.

▌ 이 조항의 변경은 문장의 수정을 통해 뜻을 명확히 하였으며 '국민'을 '사람'으로 변경하여 보편적 인권을 포괄적으로 담고자 하였습니다. 그동안 검사의 독점적 영장청

구권으로 문제가 되던 조항을 수정하여 '적법한 절차에 의하여'로 하여 독점적인 검사의 영장청구을 삭제하였습니다.

제13조

① 모든 국민은 행위시의 법률에 의하여 범죄를 구성하지 아니하는 행위로 소추되지 아니하며, 동일한 범죄에 대하여 거듭 처벌받지 아니한다.

② 모든 국민은 소급입법에 의하여 참정권의 제한을 받거나 재산권을 박탈당하지 아니한다.

③ 모든 국민은 자기의 행위가 아닌 친족의 행위로 인하여 불이익한 처우를 받지 아니한다.

제14조

① 누구도 행위 시의 법률에 따라 범죄를 구성하지 않는 행위로 소추되지 않으며, 동일한 범죄로 거듭 처벌받지 않는다.

② 모든 국민은 소급입법으로 참정권을 제한받거나 재산권을 박탈당하지 않는다.

③ 누구도 자기의 행위가 아닌 친족의 행위로 불이익한 처우를 받지 않는다.

❚ 문장의 수정을 통해 뜻을 명확히 하였으며, 반드시 '국민'에게만 해당되지 않는 내용에 대해서는 '누구나'로 표현하여 보편적 인권을 강화하고자 하였습니다.

제14조

　모든 국민은 거주·이전의 자유를 가진다.

제15조

　모든 국민은 거주·이전의 자유를 가진다.

❚ 수정사항 없음.

제15조

　모든 국민은 직업선택의 자유를 가진다.

제16조

　모든 국민은 직업의 자유를 가진다.

▌ 내용의 변화없이 우리말 문장을 매끄럽게 하여 의미를 정확히 하고자 하는 것입니다.

제16조

　모든 국민은 주거의 자유를 침해받지 아니한다. 주거에 대한 압수나 수색을 할 때에는 검사의 신청에 의하여 법관이 발부한 영장을 제시하여야 한다.

제17조

　모든 국민은 사생활의 비밀과 자유를 침해받지 아니한다.

제18조

　모든 국민은 통신의 비밀을 침해받지 아니한다.

제17조(16조~18조 통합)

　① 모든 사람은 사생활의 비밀과 자유를 침해받지 않는다.

② 모든 사람은 주거의 자유를 침해받지 않는다. 주거에 대한 압수나 수색을 하려 할 때에는 적법한 절차에 따라 청구되고 법관이 발부한 영장을 제시해야 한다.

③ 모든 국민은 통신의 비밀을 침해받지 않는다.

▍ 기존 헌법의 16조~18조를 하나의 조항으로 통합하여 문장을 다듬고 의미를 살렸습니다. 특히 영장청구권의 주체를 '검사'에서 적법한 절차로 수정하여 검사가 영장청구의 독점권을 행사하지 못하도록 수정하였습니다. 이 조항은 1972년 유신헌법에서 등장한 것으로 이 조항의 삭제가 실질적인 검찰개혁의 첫 단추가 될 수 있습니다.

제19조

모든 국민은 양심의 자유를 가진다.

제18조

모든 사람은 양심의 자유를 가진다.

▍ 양심의 자유를 '모든 국민'에서 '모든 사람'으로 수정

하여 외국인을 포함하도록 하여 보편적 인권의 증진을 도모하였습니다.

제20조

① 모든 국민은 종교의 자유를 가진다.

② 국교는 인정되지 아니하며, 종교와 정치는 분리된다.

제19조

① 모든 사람은 종교의 자유를 가진다.

② 국교는 인정되지 않으며, 종교와 정치는 분리된다.

▎ 종교의 자유를 '모든 국민'에서 '모든 사람'으로 수정하여 외국인을 포함하도록 하여 보편적 인권의 증진을 도모하였고 문장을 매끄럽게 가다듬었습니다.

제21조

① 모든 국민은 언론·출판의 자유와 집회·결사의 자유를 가진다.

② 언론·출판에 대한 허가나 검열과 집회·결사에 대한 허가는 인정되지 아니한다.

③ 통신·방송의 시설기준과 신문의 기능을 보장하기 위하여 필요한 사항은 법률로 정한다.

④ 언론·출판은 타인의 명예나 권리 또는 공중도덕이나 사회윤리를 침해하여서는 아니된다. 언론·출판이 타인의 명예나 권리를 침해한 때에는 피해자는 이에 대한 피해의 배상을 청구할 수 있다.

제20조

① 언론·출판 등 표현의 자유는 보장되며, 이에 대한 허가나 검열은 금지된다.

② 통신·방송·신문의 기능을 보장하기 위하여 필요한 사항은 법률로 정한다.

③ 언론·출판은 타인의 명예나 권리 또는 공중도덕이나 사회윤리를 침해해서는 안 된다. 언론·출판이 타인의 명예나 권리를 침해한 경우 피해자는 이에 대한 배상·정정을 청구할 수 있다.

제21조(신설)

집회·결사의 자유는 보장되며, 이에 대한 허가는 금지된다.

▌ 기존 헌법의 제21조를 두 조항으로 분리하여 신문·방송 등의 규정과 집회 결사의 자유를 분리시켰습니다. 개인의 신체적 자유에 속하는 집회 결사와 언론 출판의 자유를 굳이 한 조항에 묶을 필요가 없다는 판단 때문입니다. 또한 문맥의 수정을 통해 내용을 정확히 하였고, 기존 제21조 1항과 2항을 통합하여 문장을 간략히 하면서 본래의 뜻을 그대로 살렸습니다.

제22조(신설)

① 모든 국민은 알 권리를 가진다.

② 모든 사람은 자신에 관한 정보를 보호받고 그 처리에 관하여 통제할 권리를 가진다.

③ 국가는 정보의 독점과 격차로 인한 폐해를 예방하고 시정하기 위하여 노력해야 한다.

▌ 국민의 알 권리 보장 차원에서 제22조를 신설하였습니다. 알 권리와 정보 보호에 대한 시대적 필요성을 반영하였으며, 정보독점의 문제해결을 국가의 책무에 추가하였습

니다.

제22조

① 모든 국민은 학문과 예술의 자유를 가진다.

② 저작자·발명가·과학기술자와 예술가의 권리는 법률로써 보호한다.

제23조

① 모든 사람은 학문과 예술의 자유를 가진다.

② 대학의 자치는 보장된다. 그 한계는 법률로 정한다.

③ 저작자·발명가·과학기술자와 예술가의 권리는 법률로써 보호한다.

❚ 기존 헌법의 제31조 4항에 담긴 대학의 자율성 보장 조항을 이 조항으로 옮겼습니다. 이를 통해 '자율성'을 보다 넓은 의미의 '자치'로 수정하면서 그 한계를 법률로 규정하도록 하였습니다.

제23조

① 모든 국민의 재산권은 보장된다. 그 내용과 한계는 법률로
정한다.

② 재산권의 행사는 공공복리에 적합하도록 하여야 한다.

③ 공공필요에 의한 재산권의 수용·사용 또는 제한 및 그에 대
한 보상은 법률로써 하되, 정당한 보상을 지급하여야 한다.

제24조

① 모든 국민의 재산권은 보장된다. 그 내용과 한계는 법률
로 정한다.

② 재산권은 공공복리에 적합하도록 행사해야 한다.

③ 공공필요에 의한 재산권의 수용·사용 또는 제한 및 그
보상에 관한 사항은 법률로 정하되, 정당한 보상을 해야
한다.

▎ 내용의 변화없이 우리말 문장을 매끄럽게 하여 의미
를 정확히 하고자 하였습니다.

제24조

모든 국민은 법률이 정하는 바에 의하여 선거권을 가진다.

제25조

모든 국민은 선거권을 가진다. 선거권 행사의 요건과 절차 등 구체적인 사항은 법률로 정하고, 18세 이상 국민의 선거권을 보장한다. 국민이 아닌 자의 선거권은 별도의 법률로 정한다.

❚ 모든 국민에게 선거권이 있음을 천명하고 법률에서는 18세 이상의 국민에게 선거권이 있음을 규정하여 원칙적 선거권과 실질적인 선거권의 문제를 해결하였습니다. 대한민국의 모든 권력은 18세 이상의 유권자에게서만 나오는 것이 아니기 때문에 이러한 조항은 원칙적으로 필요하다고 판단하였습니다. 이 조항을 통해 국제적인 선거연령인 18세 투표권을 실질적으로 확보할 수 있을 것입니다. 또한 국민이 아닌 자의 선거권을 규정하여 외국인, 재외동포 등의 투표권 조항을 넣어 향후 변화되는 시대상황에 맞게 대응하고자 하였습니다.

제25조

　모든 국민은 법률이 정하는 바에 의하여 공무담임권을 가진다.

제26조

　모든 국민은 공무담임권을 가진다. 구체적인 사항은 법률
로 정한다.

▍　내용의 특별한 수정없이 공무담임권의 과정을 법률
로 명확히 하고자 하였습니다.

제26조

　① 모든 국민은 법률이 정하는 바에 의하여 국가기관에 문서로
　　청원할 권리를 가진다.
　② 국가는 청원에 대하여 심사할 의무를 진다.

제27조

　① 모든 사람은 국가기관에 청원할 권리를 가진다. 구체적
　　인 사항은 법률로 정한다.
　② 국가는 청원을 심사하여 통지할 의무를 진다.

┃ 특별한 내용의 수정은 없으나 청원권의 과정을 법률로 규정할 것과 국가가 청원을 심사하여 통지할 의무를 부과하여 심사만 하고 이에 대한 결과를 알 수 없었던 문제를 해결하고자 하였습니다.

제27조

① 모든 국민은 헌법과 법률이 정한 법관에 의하여 법률에 의한 재판을 받을 권리를 가진다.

② 군인 또는 군무원이 아닌 국민은 대한민국의 영역 안에서는 중대한 군사상 기밀·초병·초소·유독음식물공급·포로·군용물에 관한 죄 중 법률이 정한 경우와 비상계엄이 선포된 경우를 제외하고는 군사법원의 재판을 받지 아니한다.

③ 모든 국민은 신속한 재판을 받을 권리를 가진다. 형사피고인은 상당한 이유가 없는 한 지체없이 공개재판을 받을 권리를 가진다.

④ 형사피고인은 유죄의 판결이 확정될 때까지는 무죄로 추정된다.

⑤ 형사피해자는 법률이 정하는 바에 의하여 당해 사건의 재판절차에서 진술할 수 있다.

제28조

① 모든 사람은 헌법과 법률에 따라 법원의 재판을 받을 권리를 가진다.

② 군인·군무원이 아닌 사람은 군사법원의 재판을 받지 않는다. 다만, 대한민국의 영역 안에서 비상계엄이 선포되어 군사법원을 두는 경우 중대한 군사상 기밀·초병·초소·유독음식물공급·포로·군용물에 관한 죄 중 법률로 정한 죄를 범한 사람은 예외로 한다.

③ 모든 국민은 재판을 공정하고 신속하게 받을 권리를 가진다. 형사피고인은 상당한 이유가 없으면 지체없이 공개 재판을 받을 권리를 가진다.

④ 형사피고인은 유죄 판결이 확정될 때까지는 무죄로 추정한다.

⑤ 형사피해자는 법률로 정하는 바에 따라 해당사건의 재판절차에서 진술할 수 있다.

▎ 모든 '국민'을 모든 '사람'으로 하여 보편적 인권의 수준을 높이고 큰 내용의 수정없이 문장을 가다듬어 뜻을 명확히 하고자 했습니다.

제28조

  형사피의자 또는 형사피고인으로서 구금되었던 자가 법률이
 정하는 불기소처분을 받거나 무죄판결을 받은 때에는 법률이
 정하는 바에 의하여 국가에 정당한 보상을 청구할 수 있다.

제29조

  형사피의자 또는 형사피고인으로서 구금되었던 사람이 법
 률이 정하는 불기소처분이나 무죄판결을 받은 경우 법률로
 정하는 바에 따라 국가에 정당한 보상을 청구할 수 있다.

▌ 내용의 수정없이 문장을 가다듬어 뜻을 명확히 하고
자 했습니다.

제29조

  ① 공무원의 직무상 불법행위로 손해를 받은 국민은 법률이 정
   하는 바에 의하여 국가 또는 공공단체에 정당한 배상을 청
   구할 수 있다. 이 경우 공무원 자신의 책임은 면제되지 아니
   한다.

  ② 군인·군무원·경찰공무원 기타 법률이 정하는 자가 전투·훈

련 등 직무집행과 관련하여 받은 손해에 대하여는 법률이 정하는 보상 외에 국가 또는 공공단체에 공무원의 직무상 불법행위로 인한 배상은 청구할 수 없다.

제30조

공무원의 직무상 불법행위로 손해를 입은 국민은 법률로 정하는 바에 따라 국가 또는 공공단체에 정당한 배상을 청구할 수 있다. 이 경우 공무원 자신의 책임은 면제되지 않는다.

▌ 군인·군무원·경찰공무원 등도 다른 국민과 똑같은 청구권을 인정하는 것이 합당하여 유신헌법에서 만들어진 제2항을 삭제하였고, 문장을 매끄럽게 가다듬어 그 뜻을 명확히 했습니다.

제30조

타인의 범죄행위로 인하여 생명·신체에 대한 피해를 받은 국민은 법률이 정하는 바에 의하여 국가로부터 구조를 받을 수 있다.

제31조

타인의 범죄행위로 인하여 생명·신체에 대한 피해를 입은
국민은 법률로 정하는 바에 따라 국가로부터 구조를 받을
수 있다.

❚ 문장을 매끄럽게 가다듬어 그 뜻을 명확히 했습니다.

제31조

① 모든 국민은 능력에 따라 균등하게 교육을 받을 권리를 가
진다.

② 모든 국민은 그 보호하는 자녀에게 적어도 초등교육과 법률
이 정하는 교육을 받게 할 의무를 진다.

③ 의무교육은 무상으로 한다.

④ 교육의 자주성·전문성·정치적 중립성 및 대학의 자율성은
법률이 정하는 바에 의하여 보장된다.

⑤ 국가는 평생교육을 진흥하여야 한다.

⑥ 학교교육 및 평생교육을 포함한 교육제도와 그 운영, 교육
재정 및 교원의 지위에 관한 기본적인 사항은 법률로 정한
다.

제32조

① 모든 국민은 능력과 적성에 따라 균등하게 교육을 받을 권리를 가진다.

② 모든 국민은 보호하는 자녀 또는 아동에게 적어도 중등 교육과 법률로 정하는 교육을 받게 할 의무를 진다.

③ 의무교육은 무상으로 한다.

④ 교육의 자주성·전문성 및 정치적 중립성은 법률로 정하는 바에 따라 보장된다.

⑤ 국가는 평생교육을 진흥해야 한다.

⑥ 학교교육·평생교육을 포함한 교육제도와 그 운영, 교육 재정, 교원의 지위에 관한 기본 사항은 법률로 정한다.

▎ 문맥을 다듬어 뜻을 명확하게 하고 대학의 자율성은 23조 2항으로 옮겨 '자율성'에서 '자치'로 한 단계 높은 대학의 위상을 정립하고자 하였습니다. 가족의 형태가 다양화 되는 사회적 변화를 담고자 교육의 의무 내용에 자녀뿐만 아니라 동거하는 아동도 의무교육 대상임을 명시하였습니다. 원래 헌법안에 있었던 초등교육까지를 의무교육으로 하던 것을 벗어나 중등(고등학교까지)교육을 국가의 의무로 규정하였습니다.

제32조

① 모든 국민은 근로의 권리를 가진다. 국가는 사회적·경제적 방법으로 근로자의 고용의 증진과 적정임금의 보장에 노력하여야 하며, 법률이 정하는 바에 의하여 최저임금제를 시행하여야 한다.

② 모든 국민은 근로의 의무를 진다. 국가는 근로의 의무의 내용과 조건을 민주주의원칙에 따라 법률로 정한다.

③ 근로조건의 기준은 인간의 존엄성을 보장하도록 법률로 정한다.

④ 여자의 근로는 특별한 보호를 받으며, 고용·임금 및 근로조건에 있어서 부당한 차별을 받지 아니한다.

⑤ 연소자의 근로는 특별한 보호를 받는다.

⑥ 국가유공자·상이군경 및 전몰군경의 유가족은 법률이 정하는 바에 의하여 우선적으로 근로의 기회를 부여받는다.

제33조

① 모든 국민은 일할 권리를 가지며, 국가는 고용의 안정과 증진을 위한 정책을 시행해야 한다.

② 국가는 적정임금을 보장하기 위하여 노력해야 하며, 법률로 정하는 바에 따라 최저임금제를 시행해야 한다.

③ 국가는 동일한 가치의 노동에 대해서는 동일한 수준의 임금이 지급되도록 노력해야 한다.(신설)

④ 노동조건은 노동자와 사용자가 동등한 지위에서 자유 의사에 따라 결정하되, 그 기준은 인간의 존엄성을 보장하도록 법률로 정한다.

⑤ 모든 국민은 고용·임금 및 그 밖의 노동조건에서 임신·출산·육아 등으로 부당하게 차별을 받지 않으며, 국가는 이를 위해 여성의 노동을 보호하는 정책을 시행해야 한다.

⑥ 연소자의 노동은 특별한 보호를 받는다.

⑦ 국가유공자·상이군경 및 전몰군경·의사자의 유가족은 법률로 정하는 바에 따라 우선적으로 노동의 기회를 부여받는다.

⑧ 국가는 모든 국민이 일과 생활을 균형 있게 할 수 있도록 정책을 시행해야 한다.(신설)

▍근로의 권리를 '일할 권리'로 수정하였고 내용의 구성도 그 뜻을 명확하기 위해 조항을 정리하였으며, '근로'라는 단어를 일률적으로 '노동'으로 대체하고자 하였습니다. 동일노동 동일임금을 원칙적인 차원에서 천명하여 향후 변

화되는 노동시장에 대응할 수 있도록 하였습니다. 또한 노동자와 사용자간의 대등한 지위를 헌법에 반영하여 노동권을 확대하도록 하였습니다.

제33조

① 근로자는 근로조건의 향상을 위하여 자주적인 단결권·단체교섭권 및 단체행동권을 가진다.

② 공무원인 근로자는 법률이 정하는 자에 한하여 단결권·단체교섭권 및 단체행동권을 가진다.

③ 법률이 정하는 주요방위산업체에 종사하는 근로자의 단체행동권은 법률이 정하는 바에 의하여 이를 제한하거나 인정하지 아니할 수 있다.

제34조

① 노동자는 자주적인 단결권과 단체교섭권을 가진다.

② 노동자는 노동조건의 개선과 그 권익의 보호를 위하여 단체행동권을 가진다.

③ 현역 군인 등 법률로 정하는 공무원의 단결권, 단체교섭권과 단체행동권은 법률로 정하는 바에 따라 제한하거

나 인정하지 않을 수 있다.

④ 법률로 정하는 주요 방위산업체에 종사하는 노동자의 단체행동권은 필요한 경우에만 법률로 정하는 바에 따라 제한하거나 인정하지 않을 수 있다.

▌ '근로자' 용어를 '노동자'로 일원화하여 의미를 명확히 하였고, 공무원의 단결권 제한 대상을 법률로 정하도록 하여 노동권을 국제기준에 맞추고자 하였습니다. 우리나라는 이미 국제노동기구의 주요 협약을 비준하였기 때문에 반드시 필요한 조항입니다.

제34조

① 모든 국민은 인간다운 생활을 할 권리를 가진다.

② 국가는 사회보장·사회복지의 증진에 노력할 의무를 진다.

③ 국가는 여자의 복지와 권익의 향상을 위하여 노력하여야 한다.

④ 국가는 노인과 청소년의 복지향상을 위한 정책을 실시할 의무를 진다.

⑤ 신체장애자 및 질병·노령 기타의 사유로 생활능력이 없는

국민은 법률이 정하는 바에 의하여 국가의 보호를 받는다.

⑥ 국가는 재해를 예방하고 그 위험으로부터 국민을 보호하기

위하여 노력하여야 한다.

제35조

① 모든 국민은 인간다운 생활을 할 권리를 가진다.

② 모든 국민은 장애·질병·노령·실업·빈곤 등으로 초래되는

사회적 위험으로부터 벗어나 적정한 삶의 질을 유지할

수 있도록 사회보장을 받을 권리를 가진다.

③ 모든 국민은 임신·출산·양육과 관련하여 국가의 지원을

받을 권리를 가진다.

④ 모든 국민은 쾌적하고 안정적인 주거생활을 할 권리를

가진다.

⑤ 모든 국민은 건강하게 살 권리를 가진다. 국가는 질병을

예방하고 보건의료 제도를 개선하기 위하여 노력해야

하며, 이에 필요한 사항은 법률로 정한다.

제36조

① 어린이와 청소년은 독립된 인격주체로서 존중과 보호를

받을 권리를 가진다.

② 노인은 존엄한 삶을 누리고 정치적·경제적·사회적·문화
적 생활에 참여할 권리를 가진다.

③ 장애인은 존엄하고 자립적인 삶을 누리며, 모든 영역에
서 동등한 기회를 가지고 참여할 권리를 가진다.

제37조

① 모든 국민은 안전하게 살 권리를 가진다.

② 국가는 재해를 예방하고 그 위험으로부터 사람을 보호
해야 한다.

▎ 기존 헌법 34조의 수정과 더불어 국민의 권리를 더
해 35조~37조로 세분하여 구체화하였습니다. 문장의 뜻을
명확히 하기 위해 국민의 권리를 세세하게 규정하도록 하
였습니다. '아동'이라는 용어를 '어린이'로 변경하여 구체적
인 권리를 담았습니다. 조문의 의미를 명확히 하기 위하여
'인간다운 생활을 할 권리'라는 문장으로 조항을 정리하였
고, 국가의 사회보장과 사회복지의 대상을 명확히 하여 구
체화하였습니다. 임신, 출산, 양육과 관련하여 국가로부터
지원받을 권리를 명시함으로써 저출산에 대처하는 정책의
근거를 마련하였고 안정적인 주거생활 역시도 국민의 권리

로 명시하였습니다. 또한 질병예방과 보건의료 제도의 개선을 국가의 책무에 구체적, 명시적으로 추가하였습니다. 고령화 사회에 대응하기 위하여 노인의 권리도 구체적으로 명시하였습니다.

제35조

① 모든 국민은 건강하고 쾌적한 환경에서 생활할 권리를 가지며, 국가와 국민은 환경보전을 위하여 노력하여야 한다.

② 환경권의 내용과 행사에 관하여는 법률로 정한다.

③ 국가는 주택개발정책 등을 통하여 모든 국민이 쾌적한 주거생활을 할 수 있도록 노력하여야 한다.

제38조

① 모든 국민은 건강하고 쾌적한 환경에서 생활할 권리를 가진다. 구체적인 내용은 법률로 정한다.

② 국가와 국민은 지속가능한 발전이 가능하도록 환경을 보호해야 한다.

③ 국가는 동물 보호를 위한 정책을 시행해야 한다.

▌ 생활권과 환경권을 구체적으로 보장하도록 문구를 수정했고 국가의 책무에 '지속가능한 발전'을 삽입하였으며, 동물보호에 대한 내용을 새롭게 추가하여 날로 증가하는 반려동물 인구에 대응하는 정책을 시행하도록 국가의 책무에 추가하였습니다.

제36조

① 혼인과 가족생활은 개인의 존엄과 양성의 평등을 기초로 성립되고 유지되어야 하며, 국가는 이를 보장한다.

② 국가는 모성의 보호를 위하여 노력하여야 한다.

③ 모든 국민은 보건에 관하여 국가의 보호를 받는다.

제39조

혼인과 가족생활은 개인의 존엄과 평등을 바탕으로 성립되고 유지되어야 하며, 국가는 이를 보장한다.

▌ 기존 헌법의 2, 3항을 다른 조항에 삽입하고 양성평등에서 '양성'을 삭제하여 가족 간의 평등을 명확히 하였습니다. 현재 '성평등'이라는 단어와 '양성평등'이라는 단어

가 가장 첨예하게 대립되는 의견이어서 아예 '평등'으로 표현하는 것이 논쟁도 줄이고 본질적인 가족관계의 의미도 살릴 수 있다고 판단하였습니다. 평등 조항에 대해서는 여러 가지 논란이 있을 수 있으나 선진국의 사례를 볼 때 우리도 이런 정도의 수정이 가능하다고 판단하였습니다. 개헌논의 과정에서 충분한 의견이 개진될 것입니다.

제37조

① 국민의 자유와 권리는 헌법에 열거되지 아니한 이유로 경시되지 아니한다.

② 국민의 모든 자유와 권리는 국가안전보장, 질서유지 또는 공공복리를 위하여 필요한 경우에 한하여 법률로써 제한할 수 있으며, 제한하는 경우에도 자유와 권리의 본질적인 내용을 침해할 수 없다.

제40조

① 모든 사람의 자유와 권리는 헌법에 열거되지 않은 이유로 경시되지 않는다.

② 모든 자유와 권리는 국가안전보장·질서유지 또는 공공

복리를 위하여 필요한 경우에만 법률로써 제한할 수 있
으며, 제한하는 경우에도 자유와 권리의 본질적인 내용
을 침해할 수 없다.

❚ 인간으로서 누려야 할 기본적인 자유와 권리의 보장
을 '국민'에서 '사람'으로 변경하였으며 문맥을 수정하여 뜻
을 명확히 하였습니다. 이 조항은 독일연방헌법 제1조에서
규정하는 내용과 내용상 같은 뜻이어서 이 조항을 제1조
로 올려서 국제적인 추세에 맞추자는 주장도 있으나 지금
까지 대한민국 헌법 제1조에 대한 국민의 인식이 깊어서
이 부분은 향후 개헌 논의과정에서 충분한 토의가 있어야
할 것입니다. 만약 헌법 제1조로 조문을 옮길 경우, '대한
민국 안에서 모든 인간의 기본적 권리는 어떤 제도로도 제
한할 수 없다. 대한민국은 인간의 기본적 권리를 증진시키
고 유지할 책무를 진다' 정도의 문장이 국제적으로 평균
조문이 될 것입니다. 이 조항 이후에 현재의 1조를 2조로
배치하는 것도 새로운 시대의 변화에 부응하는 방식이 될
수 있습니다.

제38조

모든 국민은 법률이 정하는 바에 의하여 납세의 의무를 진다.

제41조

모든 국민은 법률로 정하는 바에 따라 납세의 의무를 진다.

국민이 아닌 자의 납세는 별도의 법률로 정한다.

▌내용의 특별한 수정없이 문맥 수정을 통해 뜻을 명확하게 하였고, 외국인의 납세 역시도 법률로 규정하도록 하였습니다.

제39조

① 모든 국민은 법률이 정하는 바에 의하여 국방의 의무를 진다.

② 누구든지 병역의무의 이행으로 인하여 불이익한 처우를 받지 아니한다.

제42조

① 모든 국민은 법률로 정하는 바에 따라 국방의 의무를

진다. 다만, 징집·모집 등의 방법에 관해서는 별도의 법

률로 정할 수 있다.

② 국가는 국방의 의무를 이행하는 국민의 인권을 보장하

기 위한 정책을 시행해야 한다.

③ 누구도 병역의무의 이행으로 불이익한 처우를 받지 않

는다.

▌기존 조문의 내용에 국방의 의무를 수행하는 군인

등에 대한 인권 보장을 국가의 책무로 명시하였고 징집제

의 여러 가지 문제를 해결하기 위해 모병제 등 선택을 할

수 있도록 1항을 수정하여 법률적 근거를 마련하고 문맥의

수정을 통해 뜻을 명확히 하고자 하였습니다.

제3장 국회

제40조

입법권은 국회에 속한다.

제43조

입법권은 국회와 지방의회에 속한다. 국가법률은 국회에,
자치법률은 지방의회에 속한다. 자치법률은 국가법률에 위
배되지 않는 범위에서 해당 자치단체 구역 안에서 국가법
률과 동일한 효력을 갖는다.

❚ 법률을 국가법률과 자치법률로 이분화하여 '조례'로
통칭되는 지방의회의 입법 용어를 정리했습니다. 자치분권
강화를 위해 매우 필요한 변화라 생각합니다. 자치법률은
해당 자치단체의 공간 안에서 사실상 법률과 같은 효력을
갖도록 구체화 하였습니다.

제41조

① 국회는 국민의 보통·평등·직접·비밀선거에 의하여 선출된
국회의원으로 구성한다.

② 국회의원의 수는 법률로 정하되, 200인 이상으로 한다.

③ 국회의원의 선거구와 비례대표제 기타 선거에 관한 사항은
법률로 정한다.

제44조

① 국회는 국민이 보통·평등·직접·비밀 선거로 선출한 국회
의원으로 구성한다.

② 국회의원의 수는 법률로 정하되, 200명 이상으로 한다.

③ 국회의원의 선거구와 비례대표제, 그 밖에 선거에 관한
사항은 법률로 정하되, 국회의 의석은 투표자의 의사에
비례하여 배분해야 한다.

❚ 국회의원 의석 배분에서 비례성, 공평성을 원칙으로
천명하였습니다. 선거법 개정을 통한 정치개혁의 가능성을
열어두기 위해서는 이러한 조항이 필수적이라 판단하였습
니다.

제42조

　국회의원의 임기는 4년으로 한다.

제45조

　① 국회의원의 임기는 4년으로 한다.

　② 국민은 국회의원을 소환할 수 있다. 소환의 요건과 절차

등 구체적인 사항은 법률로 정한다.

▌ 그동안 국회의원 소환제가 다양하게 주장되었습니다.
다만 전세계적으로 국회의원 소환제도가 도입된 나라가 거
의 없다는 점에서 실효성이 의심되고, 현재 소환제 대상인
지방의회, 지방자치단체장의 경우에도 실제 소환된 경우
가 없어 이 부분에 대한 논의가 더 진척되어야 합니다. 다
만 향후 헌법개정의 어려움을 예상하여 초안에는 일단 소
환제를 넣고 법률로 그 요건을 정하는 것도 하나의 방법일
수 있다고 보여집니다.

제43조

　국회의원은 법률이 정하는 직을 겸할 수 없다.

제46조

국회의원은 법률로 정하는 직을 겸할 수 없다.

❘ 문맥의 수정을 통해 뜻을 명확히 하였습니다.

제44조

① 국회의원은 현행범인 경우를 제외하고는 회기 중 국회의 동
의없이 체포 또는 구금되지 아니한다.

② 국회의원이 회기 전에 체포 또는 구금된 때에는 현행범이
아닌 한 국회의 요구가 있으면 회기 중 석방된다.

제47조

① 국회의원은 현행범인 경우를 제외하고는 회기 동안 국
회의 동의 없이 체포되거나 구금되지 않는다.

② 국회의원이 회기 전에 체포되거나 구금된 경우 현행범
이 아닌 한 국회의 요구가 있으면 회기 동안 석방된다.

③ 대통령의 긴급조치권이 선포된 경우에도 국회의 소집과
국회의원의 통행 및 이동의 자유, 신체의 자유를 제한
할 수 없다.

▌ 문맥의 수정을 통해 뜻을 명확히 하였습니다. 지금까지 국회의원 특권의 상징처럼 여겨지던 조항이 바로 이 국회의원 불체포 특권이었습니다. 그러나 이번 계엄사태에서 국회의원 불체포 특권이 얼마나 중요한 역할을 하는지에 대해 현실에서 느낄 수 있었습니다. 또한 이러한 비상사태에 대응하기 위해 3항을 신설하여 대통령의 긴급조치권이 선포된 경우에도 국회의 집회나 국회의원의 통행, 이동의 자유, 신체의 자유를 제한할 수 없도록 명문화하였습니다.

제45조

국회의원은 국회에서 직무상 행한 발언과 표결에 관하여 국회 외에서 책임을 지지 아니한다.

제48조

국회의원은 국회에서 직무상 발언하거나 표결한 것에 관하여 국회 밖에서 책임을 지지 않는다.

▌ 위 47조와 같이 국회의원에 대한 특권을 담고 있습니다. 특별한 변화없이 문구 수정을 통해 뜻을 명확히 하였

습니다.

제46조

① 국회의원은 청렴의 의무가 있다.

② 국회의원은 국가이익을 우선하여 양심에 따라 직무를 행한다.

③ 국회의원은 그 지위를 남용하여 국가·공공단체 또는 기업체와의 계약이나 그 처분에 의하여 재산상의 권리·이익 또는 직위를 취득하거나 타인을 위하여 그 취득을 알선할 수 없다.

제49조

① 국회의원은 청렴해야 할 의무를 진다.

② 국회의원은 국가이익을 우선하여 양심에 따라 직무를 수행한다.

③ 국회의원은 그 지위를 남용하여 국가·공공단체 또는 기업체와의 계약이나 그 처분에 의하여 재산상의 권리·이익 또는 직위를 취득하거나 타인을 위하여 그 취득을 알선할 수 없다.

▎내용의 특별한 변화없이 문맥을 수정하여 뜻을 명확
히 하였습니다.

제47조

① 국회의 정기회는 법률이 정하는 바에 의하여 매년 1회 집회
  되며, 국회의 임시회는 대통령 또는 국회재적의원 4분의 1
  이상의 요구에 의하여 집회된다.

② 정기회의 회기는 100일을, 임시회의 회기는 30일을 초과할
  수 없다.

③ 대통령이 임시회의 집회를 요구할 때에는 기간과 집회요구
  의 이유를 명시하여야 한다.

제50조

① 국회의 정기회는 법률로 정하는 바에 따라 매년 1회 열
  며, 국회의 임시회는 대통령 또는 국회 재적의원 4분의
  1 이상의 요구로 연다.

② 정기회의 회기는 100일을, 임시회의 회기는 30일을 초
  과할 수 없다.

③ 대통령이 임시회를 요구하는 경우 기간과 이유를 명시

해야 한다.

▋ 내용의 특별한 변화없이 문맥을 수정하여 뜻을 명확
히 하였습니다.

제48조
　국회는 의장 1인과 부의장 2인을 선출한다.

제51조
　국회는 의장 1명과 부의장 2명을 선출한다.

▋ 내용의 특별한 변화없이 문맥을 수정하여 뜻을 명확
히 하였습니다.

제49조
　국회는 헌법 또는 법률에 특별한 규정이 없는 한 재적의원 과
　반수의 출석과 출석의원 과반수의 찬성으로 의결한다. 가부동
　수인 때에는 부결된 것으로 본다.

제52조

국회는 헌법 또는 법률에 특별한 규정이 없으면 재적의원
과반수의 출석과 출석의원 과반수의 찬성으로 의결한다.
가부동수일 때에는 부결된 것으로 본다.

▌ 내용의 특별한 변화없이 문맥을 수정하여 뜻을 명확
히 하였습니다.

제50조

① 국회의 회의는 공개한다. 다만, 출석의원 과반수의 찬성이
   있거나 의장이 국가의 안전보장을 위하여 필요하다고 인정
   할 때에는 공개하지 아니할 수 있다.
② 공개하지 아니한 회의내용의 공표에 관하여는 법률이 정하
   는 바에 의한다.

제53조

① 국회의 회의는 공개한다. 다만, 출석의원 과반수의 찬성
   이 있거나 국회의장이 국가의 안전보장을 위하여 필요
   하다고 인정할 때에는 공개하지 않을 수 있다.

② 공개하지 않은 회의 내용의 공표에 관하여는 법률로 정
한다.

❚ 내용의 특별한 변화없이 문맥을 수정하여 뜻을 명확
히 하였습니다.

제51조

국회에 제출된 법률안 기타의 의안은 회기 중에 의결되지 못한
이유로 폐기되지 아니한다. 다만, 국회의원의 임기가 만료된 때
에는 그러하지 아니하다.

제54조

국회에 제출된 법률안, 그 밖의 의안은 회기 동안에 의결되
지 못한 이유로 폐기되지 않는다. 다만, 국회의원의 임기가
만료된 경우에는 폐기된다.

❚ 내용의 특별한 변화없이 문맥을 수정하여 뜻을 명확
히 하였습니다.

제52조

　국회의원과 정부는 법률안을 제출할 수 있다.

제55조

　① 국회의원은 법률안을 제출할 수 있다.

　② 정부는 재적국회의원 10분의 1 이상의 동의를 받아 법

　　률안을 제출할 수 있다.

　③ 법률안이 지방자치와 관련되는 경우 국회의장은 지방정

　　부에 이를 통보해야 하며, 해당 지방정부는 그 법률안에

　　대하여 의견을 제시할 수 있다. 구체적인 사항은 법률로

　　정한다.

제56조(신설)

　국민은 법률안을 발의할 수 있다. 발의의 요건과 절차 등

　구체적인 사항은 법률로 정한다.

▐ 국회의원과 정부가 법률안을 제출할 수 있도록 정한
기존의 내용을 수정하여 정부가 제출할 경우 재적국회의
원 10분의 1 이상의 동의를 받도록 하여 정부의 법률안 제
출권을 축소하였습니다. 이 원칙은 국회의원의 경우도 10

명 이상이 동의해야 법안을 발의할 수 있기 때문에 정부의
제출요건을 강화한 것입니다. 미국의 경우는 정부의 법률
안 제출권이 없습니다만 그렇게까지 규정하는 것은 급작스
런 변화이기 때문에 일단 국회의원 10분의 1 이상의 동의
를 받도록 하였고, 지방자치와 관련된 경우 법률의 내용을
해당 지방정부에 통보하도록 하여 지방자치를 강화하도록
하였습니다. 정부의 법률안 제출에 있어 10분의 1 이상의
동의를 받도록 하는 것에 대해서는 논란이 있을 수 있습니
다. 다만 장기적으로 입법권을 온전히 국회에 귀속하도록
하는 것은 정치개혁에 바람직한 방향이라는 점에서 하나
의 안으로 제안하는 것입니다.

또 새로 국민발안권을 헌법에 명시하여 국민들이 입법
과정에 직접 참여할 수 있도록 했습니다.

제53조

① 국회에서 의결된 법률안은 정부에 이송되어 15일 이내에 대
  통령이 공포한다.

② 법률안에 이의가 있을 때에는 대통령은 제1항의 기간내에
  이의서를 붙여 국회로 환부하고, 그 재의를 요구할 수 있다.

국회의 폐회 중에도 또한 같다.

③ 대통령은 법률안의 일부에 대하여 또는 법률안을 수정하여 재의를 요구할 수 없다.

④ 재의의 요구가 있을 때에는 국회는 재의에 붙이고, 재적의원 과반수의 출석과 출석의원 3분의 2 이상의 찬성으로 전과 같은 의결을 하면 그 법률안은 법률로서 확정된다.

⑤ 대통령이 제1항의 기간 내에 공포나 재의의 요구를 하지 아니한 때에도 그 법률안은 법률로서 확정된다.

⑥ 대통령은 제4항과 제5항의 규정에 의하여 확정된 법률을 지체없이 공포하여야 한다. 제5항에 의하여 법률이 확정된 후 또는 제4항에 의한 확정법률이 정부에 이송된 후 5일 이내에 대통령이 공포하지 아니할 때에는 국회의장이 이를 공포한다.

⑦ 법률은 특별한 규정이 없는 한 공포한 날로부터 20일을 경과함으로써 효력을 발생한다.

제57조

① 국회에서 의결된 법률안은 정부에 이송된 날부터15일 이내에 대통령이 공포한다.

② 대통령은 법률안에 이의가 있을 때에는 제1항의 기간

안에 이의서를 붙여 국회로 돌려 보내고, 재의를 요구할 수 있다. 국회의 폐회 중에도 또한 같다.

③ 대통령은 법률안의 일부에 대하여 또는 법률안을 수정하여 재의를 요구할 수 없다.

④ 국회는 대통령의 재의 요구가 있을 때에는 재의에 부치고, 재적의원 과반수의 출석과 출석의원 3분의 2 이상의 찬성으로 전과 같은 의결을 하면 그 법률안은 법률로 확정된다.

⑤ 대통령이 제1항의 기간 안에 공포나 재의 요구를 하지 않은 경우에도 그 법률안은 법률로 확정된다.

⑥ 대통령은 제4항에 따라 확정된 법률은 정부에 이송된 지 5일 이내에, 제5항에 따라 확정된 법률은 지체없이 공포하여야 한다. 다만, 대통령이 공포하지 않으면 국회의장이 공포한다.

⑦ 법률은 특별한 규정이 없는 한 공포한 날부터 20일이 지나면 효력이 생긴다.

▍ 내용의 특별한 변화없이 문맥을 수정하여 뜻을 명확히 하였습니다.

제54조

① 국회는 국가의 예산안을 심의·확정한다.

② 정부는 회계연도마다 예산안을 편성하여 회계연도 개시 90일 전까지 국회에 제출하고, 국회는 회계연도 개시 30일 전까지 이를 의결하여야 한다.

③ 새로운 회계연도가 개시될 때까지 예산안이 의결되지 못한 때에는 정부는 국회에서 예산안이 의결될 때까지 다음의 목적을 위한 경비는 전년도 예산에 준하여 집행할 수 있다.

  1. 헌법이나 법률에 의하여 설치된 기관 또는 시설의 유지·운영

  2. 법률상 지출의무의 이행

  3. 이미 예산으로 승인된 사업의 계속

제58조

① 국회는 국가의 예산안을 심의하여 예산법률로 확정한다.

② 정부는 회계연도마다 예산안을 편성하여 회계연도 개시 120일 전까지 국회에 제출하고, 국회는 회계연도 개시 30일 전까지 예산법률안을 의결해야 한다.

③ 새로운 회계연도가 개시될 때까지 예산법률이 효력을 발생하지 못한 경우 정부는 예산법률이 효력을 발생할

때까지 다음의 목적을 위한 경비를 전년도 예산법률에 준하여 집행 할 수 있다.

1. 헌법이나 법률에 따라 설치한 기관이나 시설의 유지·운영

2. 법률로 정하는 지출 의무의 실행

3. 이미 예산법률로 승인된 사업의 계속

④ 예산안의 심의와 예산법률안의 의결 등에 필요한 사항은 법률로 정한다.

▌ 예산법률주의 원칙을 수정조항에 담았습니다. 매년도 예산안을 하나의 법률로 변경하여 예산이 가지는 행정부의 임의전용을 방지하고 국회의 심의기한을 120일로 늘려서 예산심의권을 확대하였습니다. 나머지 조항은 문맥을 조정하여 뜻을 명확히 하고자 하였습니다.

제55조

① 한 회계연도를 넘어 계속하여 지출할 필요가 있을 때에는 정부는 연한을 정하여 계속비로서 국회의 의결을 얻어야 한다.

② 예비비는 총액으로 국회의 의결을 얻어야 한다. 예비비의 지

출은 차기국회의 승인을 얻어야 한다.

제59조

① 한 회계연도를 넘어 계속하여 지출할 필요가 있는 경우
정부는 연한을 정하여 계속비로서 국회의 의결을 거쳐
야 한다.

② 예비비는 총액으로 국회의 의결을 거쳐야 한다. 예비비
의 지출은 차기 국회의 승인을 받아야 한다.

▌ 특별한 수정없이 문맥을 수정하여 뜻을 명확히 하고
자 하였습니다.

제56조

정부는 예산에 변경을 가할 필요가 있을 때에는 추가경정예산
안을 편성하여 국회에 제출할 수 있다.

제60조

정부는 예산법률을 개정할 필요가 있는 경우 추가경정예
산법률안을 편성하여 국회에 제출할 수 있다.

▌ 특별한 수정없이 문맥을 수정하여 뜻을 명확히 하고자 하였습니다. 수정조항 58조의 내용에 따라 '예산안'을 '예산법률'로 명확히 하였습니다.

제57조

국회는 정부의 동의 없이 정부가 제출한 지출예산 각항의 금액을 증가하거나 새 비목을 설치할 수 없다.

제61조

국회는 정부의 동의 없이 정부가 제출한 지출예산 각 항의 금액을 늘리거나 새 비목을 설치할 수 없다.

▌ 특별한 수정없이 문맥을 수정하여 뜻을 명확히 하고자 하였습니다.

제58조

국채를 모집하거나 예산 외에 국가의 부담이 될 계약을 체결하려 할 때에는 정부는 미리 국회의 의결을 얻어야 한다.

제62조

국채를 모집하거나 예산법률 외에 국가의 부담이 될 계약
을 맺으려면 정부는 미리 국회의 의결을 거쳐야 한다.

▌특별한 수정없이 문맥을 수정하여 뜻을 명확히 하고
자 하였습니다.

제59조

조세의 종목과 세율은 법률로 정한다.

제63조

국세의 종목과 세율은 국가법률로, 지방세의 종목과 세율
은 자치법률로 정한다.

▌조세법률주의를 자치의 확대와 걸맞게 지방정부도
할 수 있도록 개선하는 조항입니다.

제60조

① 국회는 상호원조 또는 안전보장에 관한 조약, 중요한 국제조
   직에 관한 조약, 우호통상항해 조약, 주권의 제약에 관한 조
   약, 강화조약, 국가나 국민에게 중대한 재정적 부담을 지우
   는 조약 또는 입법사항에 관한 조약의 체결·비준에 대한 동
   의권을 가진다.

② 국회는 선전포고, 국군의 외국에의 파견 또는 외국군대의
   대한민국 영역 안에서의 주류에 대한 동의권을 가진다.

제64조

① 국회는 다음 조약의 체결·비준에 대한 동의권을 가진다.

   1. 상호원조나 안전보장에 관한 조약

   2. 중요한 국제조직에 관한 조약

   3. 우호통상항해조약

   4. 주권의 제약에 관한 조약

   5. 강화조약

   6. 국가나 국민에게 중대한 재정 부담을 지우는 조약

   7. 입법사항에 관한 조약

   8. 남북간의 특수한 관계를 고려하여 남북 정부 또는 정
      상간 합의를 하는 경우 사후 동의

9. 그 밖에 법률로 정하는 조약

② 국회는 선전포고, 국군의 외국 파견 또는 외국 군대의 대한민국 영역 내 주류에 대한 동의권을 가진다.

▌국회가 비준하는 조약 등을 구체화하고 별도의 법률로도 이를 국회가 통제할 수 있도록 하여 국회의 외교통제권을 강화하였습니다. 그동안 남북간의 여러 합의에도 불구하고 국회의 동의가 없어 귀속력이 없는 문제를 해결하기 위하여 8항의 조문을 신설하였습니다.

제61조

① 국회는 국정을 감사하거나 특정한 국정사안에 대하여 조사할 수 있으며, 이에 필요한 서류의 제출 또는 증인의 출석과 증언이나 의견의 진술을 요구할 수 있다.

② 국정감사 및 조사에 관한 절차 기타 필요한 사항은 법률로 정한다.

제65조

① 국회는 국정을 감사하거나 특정한 국정사안에 대하여

조사할 수 있으며, 이에 필요한 서류의 제출, 증인의 출석, 증언, 의견의 진술을 요구할 수 있다.

② 국정감사와 국정조사의 절차, 그 밖에 필요한 사항은 법률로 정한다.

▍ 내용의 큰 변화없이 문맥을 매끄럽게 조정하여 그 뜻을 명확히 하였습니다.

제62조

① 국무총리·국무위원 또는 정부위원은 국회나 그 위원회에 출석하여 국정처리상황을 보고하거나 의견을 진술하고 질문에 응답할 수 있다.

② 국회나 그 위원회의 요구가 있을 때에는 국무총리·국무위원 또는 정부위원은 출석·답변하여야 하며, 국무총리 또는 국무위원이 출석요구를 받은 때에는 국무위원 또는 정부위원으로 하여금 출석·답변하게 할 수 있다.

제66조

① 국무총리·국무위원 또는 정부위원은 국회나 그 위원회

에 출석하여 국정 처리 상황을 보고하거나 의견을 진술하고 질문에 응답할 수 있다.

② 국회나 그 위원회에서 요구하면 국무총리·국무위원 또는 정부위원은 출석하여 답변해야 한다. 다만, 국무총리나 국무위원이 출석 요구를 받은 경우 국무위원이나 정부위원으로 하여금 출석·답변하게 할 수 있다.

▌ 내용의 큰 변화없이 문맥을 매끄럽게 조정하여 그 뜻을 명확히 하였습니다.

제63조

① 국회는 국무총리 또는 국무위원의 해임을 대통령에게 건의할 수 있다.

② 제1항의 해임건의는 국회재적의원 3분의 1 이상의 발의에 의하여 국회재적의원 과반수의 찬성이 있어야 한다.

제67조

① 국회는 5분의 3 이상의 결의로 국무총리를 해임할 수 있다. 또한 과반수의 결의로 국무위원의 해임을 대통령

에게 건의할 수 있다.

② 제1항의 국무위원 해임건의를 하려면 국회 재적의원 3분의 1 이상이 발의하고 국회재적의원 과반수가 찬성해야 한다.

▌국무총리의 해임을 국회결의로 변경하였습니다. 이는 뒤에 나오는 국무총리의 선출과 관련된 변화를 담기 위한 것입니다.

제64조

① 국회는 법률에 저촉되지 아니하는 범위 안에서 의사와 내부규율에 관한 규칙을 제정할 수 있다.

② 국회는 의원의 자격을 심사하며, 의원을 징계할 수 있다.

③ 의원을 제명하려면 국회재적의원 3분의 2 이상의 찬성이 있어야 한다.

④ 제2항과 제3항의 처분에 대하여는 법원에 제소할 수 없다.

제68조

① 국회는 법률에 위반되지 않는 범위에서 의사와 내부 규

율에 관한 규칙을 제정할 수 있다.

② 국회는 의원의 자격을 심사하며, 의원을 징계할 수 있다.

③ 국회의원을 제명하려면 국회 재적의원 3분의 2 이상이 찬성해야 한다.

④ 제2항과 제3항의 처분에 대해서는 법원에 제소할 수 없다.

▌ 내용의 큰 변화없이 문맥을 매끄럽게 조정하여 그 뜻을 명확히 하였습니다.

제65조

① 대통령·국무총리·국무위원·행정각부의 장·헌법재판소 재판관·법관·중앙선거관리위원회 위원·감사원장·감사위원 기타 법률이 정한 공무원이 그 직무집행에 있어서 헌법이나 법률을 위배한 때에는 국회는 탄핵의 소추를 의결할 수 있다.

② 제1항의 탄핵소추는 국회재적의원 3분의 1 이상의 발의가 있어야 하며, 그 의결은 국회재적의원 과반수의 찬성이 있어야 한다. 다만, 대통령에 대한 탄핵소추는 국회재적의원

과반수의 발의와 국회재적의원 3분의 2 이상의 찬성이 있
어야 한다.

③ 탄핵소추의 의결을 받은 자는 탄핵심판이 있을 때까지 그
권한행사가 정지된다.

④ 탄핵결정은 공직으로부터 파면함에 그친다. 그러나, 이에
의하여 민사상이나 형사상의 책임이 면제되지는 아니한다.

제69조

① 대통령, 국무총리, 국무위원, 행정 각부의 장, 헌법재판
소 재판관, 법관, 중앙선거관리위원회 위원, 감사원장,
감사위원, 그 밖에 법률로 정하는 공무원이 직무를 집행
하면서 헌법이나 법률을 위반한 경우 국회는 탄핵의 소
추를 의결할 수 있다.

② 제1항의 탄핵소추를 하려면 국회 재적의원 3분의 1 이
상이 발의하고 국회 재적의원 과반수가 찬성해야 한다.
다만, 대통령에 대한 탄핵소추는국회 재적의원 과반수
가 발의하고 국회 재적의원 5분의 3 이상이 찬성해야
한다.

③ 탄핵소추의 의결을 받은 사람은 탄핵심판이 있을 때까
지 권한을 행사하지 못한다.

④ 탄핵결정은 공직에서 파면하는 데 그친다. 그러나 파면

　되더라도 민사상 또는 형사상 책임이 면제되지는 않는

　다.

❚ 내용의 큰 변화없이 문맥을 매끄럽게 조정하였고 대
통령 탄핵 요건을 5분의 3으로 완화하였습니다.

제4장 정부

제1절 대통령

제66조

① 대통령은 국가의 원수이며, 외국에 대하여 국가를 대표한다.

② 대통령은 국가의 독립·영토의 보전·국가의 계속성과 헌법을 수호할 책무를 진다.

③ 대통령은 조국의 평화적 통일을 위한 성실한 의무를 진다.

④ 행정권은 대통령을 수반으로 하는 정부에 속한다.

제70조

① 대통령은 국가를 대표한다.

② 대통령은 국가의 독립과 계속성을 유지하고, 영토를 보전하며, 헌법을 수호할 책임과 의무를 진다.

③ 대통령은 조국의 평화통일을 위하여 성실히 노력할 의무를 진다.

④ 행정권은 대통령과 국회에서 선출하는 국무총리가 분
　 담한다.

⑤ 대통령은 국방·외교·통일·보훈·인사·정보를 통할하고,
　 국무총리는 그 밖에 내치를 통할한다. 세부사항은 법률
　 로 정한다.

▌ 대통령의 국가원수 직위를 삭제하였습니다. 국가원수
라는 표현이 시대의 변화에도 맞지 않고, 권한의 분산이라
는 관점에서 '국가원수'라는 개념을 삭제하는 게 바람직하
다고 판단하였습니다. 대통령의 권한을 국무총리와 분산하
기 위해 국방·외교·통일·보훈·인사·정보업무를 대통령에
게 속하게 하고, 나머지 내치 업무를 국무총리가 통할하도
록 조정하였습니다.

제67조

① 대통령은 국민의 보통·평등·직접·비밀선거에 의하여 선출한
　 다.

② 제1항의 선거에 있어서 최고득표자가 2인 이상인 때에는 국
　 회의 재적의원 과반수가 출석한 공개회의에서 다수표를 얻

은 자를 당선자로 한다.

③ 대통령후보자가 1인일 때에는 그 득표수가 선거권자 총수의 3분의 1 이상이 아니면 대통령으로 당선될 수 없다.

④ 대통령으로 선거될 수 있는 자는 국회의원의 피선거권이 있고 선거일 현재 40세에 달하여야 한다.

⑤ 대통령의 선거에 관한 사항은 법률로 정한다.

제71조

① 대통령은 국민의 보통·평등·직접·비밀 선거로 선출한다.

② 제1항의 선거에서 유효투표 총수의 과반수를 얻은 사람을 당선자로 한다.

③ 제2항의 당선자가 없을 때에는 최고득표자가 1명이면 최고득표자와 그 다음 순위 득표자에 대하여, 최고득표자가 2명 이상이면 최고득표자 전원에 대하여 결선투표를 실시하고, 그 결과 다수득표자를 당선자로 한다. 결선투표에서 최고득표자가 2명 이상일 때에는 국회 재적의원 과반수가 출석한 공개회의에서 다수표를 얻은 사람을 당선자로 한다.

④ 제3항에 따른 결선투표 실시 전에 결선투표의 당사자가 사퇴·사망하여 최고득표자가 없게 된 경우에는 재선거

를 실시하고, 최고득표자 1명만 남게 된 경우 최고득표
자가 당선자가 된다.

⑤ 대통령 후보자가 1명인 경우 선거권자 총수의 3분의 1
이상을 득표하지 않으면 대통령으로 당선될 수 없다.

⑥ 대통령으로 선거될 수 있는 사람은 국회의원의 피선거
권이 있어야 한다.

⑦ 대통령 선거에 관한 사항은 법률로 정한다.

❚ 대통령 선출규정을 대폭 수정하여 결선투표제를 도
입하였습니다. 우선 대통령에 출마할 수 있는 자격으로 국
회의원 피선거권자여야 한다는 내용을 두어 기존의 40세
조항을 폐지하였고, 다양한 경우의 수가 발생하더라도 헌
법적 문제가 발생하지 않도록 조항을 신설하였습니다.

제68조

① 대통령의 임기가 만료되는 때에는 임기만료 70일 내지 40
일 전에 후임자를 선거한다.

② 대통령이 궐위된 때 또는 대통령 당선자가 사망하거나 판결
기타의 사유로 그 자격을 상실한 때에는 60일 이내에 후임

자를 선거한다.

제72조

① 대통령의 임기가 만료되는 경우 임기만료 70일 전부터
40일 전 사이에 후임자를 선거한다.

② 대통령이 궐위된 경우 또는 대통령 당선자가 사망하거
나 판결, 그 밖의 사유로 그 자격을 상실한 경우 60일
이내에 후임자를 선거한다.

③ 결선투표는 제1항 및 제2항에 따른 첫 선거일부터 14일
이내에 실시한다.

▋ 특별한 내용의 변경없이 결선투표제를 보완하는 조
항을 신설하였습니다.

제69조

대통령은 취임에 즈음하여 다음의 선서를 한다. "나는 헌법을
준수하고 국가를 보위하며 조국의 평화적 통일과 국민의 자유
와 복리의 증진 및 민족문화의 창달에 노력하여 대통령으로서
의 직책을 성실히 수행할 것을 국민 앞에 엄숙히 선서합니다."

제73조

대통령은 취임에 즈음하여 다음의 선서를 한다. "나는 헌법을 준수하고 국가를 지키며 조국의 평화 통일과 국민의 자유와 복리의 증진 및 문화의 창달에 노력하여 대통령으로서 맡은 직책을 성실히 수행할 것을 국민 앞에 엄숙히 선서합니다."

▌ 특별한 내용의 변경없이 대통령 취임선서의 내용의 문장을 가다듬고 문화의 창달을 추가하였습니다.

제70조

대통령의 임기는 5년으로 하며, 중임할 수 없다.

제74조

대통령의 임기는 4년으로 하되, 연이어 선출되는 경우에만 한 번 중임할 수 있다.

▌ 대통령 임기를 5년 단임제에서 4년 중임제로 수정하였습니다. 또한 중임의 의미를 명확히 하기 위해 연이어 선

출되는 경우로 규정하였습니다. 이 부분에 대해서는 여러 가지 논란이 있을 수 있고 충분한 토론을 거쳐 국민들이 합의할 수 있는 안을 만들어야 할 것입니다.

제71조

대통령이 궐위되거나 사고로 인하여 직무를 수행할 수 없을 때에는 국무총리, 법률이 정한 국무위원의 순서로 그 권한을 대행한다.

제75조

① 대통령이 궐위되거나 질병·사고 등으로 직무를 수행할 수 없는 경우 국회의장, 국무총리, 법률로 정한 국무위원의 순서로 그 권한을 대행한다.

② 대통령이 사임하려고 하거나 질병·사고 등으로 직무를 수행할 수 없는 경우 대통령은 그 사정을 국회의장과 제1항에 따라 권한대행을 할 사람에게 서면으로 미리 통보해야 한다.

③ 제2항의 서면 통보가 없는 경우 권한대행의 개시 여부에 대한 최종적인 판단은 국무총리가 국무회의의 심의

를 거쳐 헌법재판소에 신청하여 그 결정에 따른다.

④ 권한대행의 지위는 대통령이 복귀 의사를 서면으로 통
보한 때에 종료된다. 다만, 복귀한 대통령의 직무 수행
가능 여부에 대한 다툼이 있을 때에는 대통령, 재적 국
무위원 3분의 2 이상 또는 국회의장이 헌법재판소에 신
청하여 그 결정에 따른다.

⑤ 제1항에 따라 대통령의 권한을 대행하는 사람은 그 직
을 유지하는 한 대통령 선거에 입후보할 수 없다.

⑥ 대통령의 권한대행에 관하여 필요한 사항은 법률로 정
한다.

▎대통령 궐위 시의 조항을 대폭 신설하여 권한대행의
역할과 한계를 명확히 하였습니다. 이 부분에 대해서는 이
미 2번의 대통령 탄핵의결이 있었고, 그 과정에서 어떤 문
제가 있었는지에 대한 다양한 의견이 있을 것입니다. 무엇
보다 국민으로부터 직접 선출되지 않은 국무총리의 대행
보다 선출되는 국회의장의 대행이 대의제 의미에서도 더
맞다고 생각합니다.

제72조

대통령은 필요하다고 인정할 때에는 외교·국방·통일 기타 국가
안위에 관한 중요정책을 국민투표에 붙일 수 있다.

제76조

대통령은 필요하다고 인정할 경우 외교·국방·통일, 그 밖에
국가안위에 관한 중요 정책을 국민투표에 부칠 수 있다.

▎ 특별한 내용의 변화없이 문맥의 수정을 통해 의미를
명확히 하였습니다.

제73조

대통령은 조약을 체결·비준하고, 외교사절을 신임·접수 또는
파견하며, 선전포고와 강화를 한다.

제77조

대통령은 조약을 체결·비준하고, 외교사절을 신임·접수 또
는 파견하며, 선전포고와 강화를 한다.

▌수정사항 없음

제74조

① 대통령은 헌법과 법률이 정하는 바에 의하여 국군을 통수
한다.

② 국군의 조직과 편성은 법률로 정한다.

제78조

① 대통령은 헌법과 법률로 정하는 바에 따라 국군을 통수
한다.

② 국군의 조직과 편성은 법률로 정한다.

▌내용의 변화없이 문맥만 수정하였습니다.

제75조

대통령은 법률에서 구체적으로 범위를 정하여 위임받은 사항
과 법률을 집행하기 위하여 필요한 사항에 관하여 대통령령을
발할 수 있다.

제79조

대통령은 법률에서 구체적으로 범위를 정하여 위임받은 사항과 법률을 집행하는 데 필요한 사항에 관하여 대통령령을 발할 수 있다.

❚ 내용의 변화없이 문맥만 수정하였습니다.

제76조

① 대통령은 내우·외환·천재·지변 또는 중대한 재정·경제상의 위기에 있어서 국가의 안전보장 또는 공공의 안녕질서를 유지하기 위하여 긴급한 조치가 필요하고 국회의 집회를 기다릴 여유가 없을 때에 한하여 최소한으로 필요한 재정·경제상의 처분을 하거나 이에 관하여 법률의 효력을 가지는 명령을 발할 수 있다.

② 대통령은 국가의 안위에 관계되는 중대한 교전상태에 있어서 국가를 보위하기 위하여 긴급한 조치가 필요하고 국회의 집회가 불가능한 때에 한하여 법률의 효력을 가지는 명령을 발할 수 있다.

③ 대통령은 제1항과 제2항의 처분 또는 명령을 한 때에는 지

체없이 국회에 보고하여 그 승인을 얻어야 한다.

④ 제3항의 승인을 얻지 못한 때에는 그 처분 또는 명령은 그 때부터 효력을 상실한다. 이 경우 그 명령에 의하여 개정 또는 폐지되었던 법률은 그 명령이 승인을 얻지 못한 때부터 당연히 효력을 회복한다.

⑤ 대통령은 제3항과 제4항의 사유를 지체없이 공포하여야 한다.

제77조

① 대통령은 전시·사변 또는 이에 준하는 국가비상사태에 있어서 병력으로써 군사상의 필요에 응하거나 공공의 안녕질서를 유지할 필요가 있을 때에는 법률이 정하는 바에 의하여 계엄을 선포할 수 있다.

② 계엄은 비상계엄과 경비계엄으로 한다.

③ 비상계엄이 선포된 때에는 법률이 정하는 바에 의하여 영장제도, 언론·출판·집회·결사의 자유, 정부나 법원의 권한에 관하여 특별한 조치를 할 수 있다.

④ 계엄을 선포한 때에는 대통령은 지체없이 국회에 통고하여야 한다.

⑤ 국회가 재적의원 과반수의 찬성으로 계엄의 해제를 요구한

때에는 대통령은 이를 해제하여야 한다.

제80조(제77조 삭제 후 통합)

① 대통령은 내우외환, 천재지변 또는 중대한 재정·경제상의 위기에 국가의 안전보장이나 공공의 안녕질서를 유지하기 위하여 긴급한 조치가 필요하고 국회의 집회를 기다릴 여유가 없을 때에만 최소한으로 필요한 재정·경제상의 처분을 하거나 이에 관하여 법률의 효력을 가지는 명령을 발할 수 있다.

② 대통령은 국가의 안위에 관계되는 중대한 교전 상태에서 국가를 보위하기 위하여 긴급한 조치가 필요함에도 국회의 집회가 불가능한 경우에만 법률의 효력을 가지는 명령을 발할 수 있다.

③ 대통령의 긴급조치 시에는 영장제도, 언론·출판·집회·결사의 자유, 정부나 법원의 권한에 관하여 필요한 조치를 할 수 있다. 다만 이때에도 국회의 본질적인 권한, 기능을 제한할 수 없다.

④ 대통령은 제1항과 제2항, 제3항의 처분이나 명령을 한 경우 지체 없이 국회에 보고하여 승인을 받아야 한다.

⑤ 제4항의 승인을 받지 못한 때에는 그 처분이나 명령은

그때부터 효력을 상실한다. 이 경우 그 명령에 의하여 개정되었거나 폐지되었던 법률은 그 명령이 승인을 받지 못한 때부터 당연히 효력을 회복한다.

⑥ 대통령은 제4항과 제5항의 사유를 지체 없이 공포해야 한다.

▌ 기존헌법 제77조 계엄조항을 삭제하여 대통령의 권력 오남용을 봉쇄하였습니다. 또한 비상조치를 함에 있어서도 국회의 동의없이 발동할 수 없도록 비상조치권 발동조건을 '국회의 집회가 불가능한 경우에만'으로 명확히 하였습니다. 또한 국회 집회가 불가능하여 비상조치를 하더라도 지체없이 국회에 보고하여 승인을 받도록 명확히 규정하였습니다. 나머지 부분은 문장의 수정을 통해 뜻을 명확하게 하였습니다.

제78조

대통령은 헌법과 법률이 정하는 바에 의하여 공무원을 임면한다.

제81조

대통령은 헌법과 법률로 정하는 바에 따라 공무원을 임면
한다.

▎ 내용의 수정없이 문맥을 가다듬었습니다.

제79조

① 대통령은 법률이 정하는 바에 의하여 사면·감형 또는 복권
을 명할 수 있다.

② 일반사면을 명하려면 국회의 동의를 얻어야 한다.

③ 사면·감형 및 복권에 관한 사항은 법률로 정한다.

제82조

① 대통령은 법률로 정하는 바에 따라 사면·감형 또는 복
권을 명할 수 있다.

② 일반사면을 명하려면 국회의 동의를 받아야 하고, 특별
사면을 명하려면 사면위원회의 심사를 거쳐야 한다.

③ 사면·감형과 복권에 관한 사항은 법률로 정한다.

▎ 대통령의 사면권을 대폭 축소하였습니다. 일반사면은

국회의 동의를 받도록 한 것은 그대로 두고 지속적인 문제로 지적되던 특별사면은 사면위원회의 심사를 거치도록 하여 사면권의 객관성을 유지하도록 하였습니다.

제80조

대통령은 법률이 정하는 바에 의하여 훈장 기타의 영전을 수여한다.

제83조

대통령은 법률로 정하는 바에 따라 훈장을 비롯한 영전을 수여한다.

▎특별한 내용의 변화없이 문맥을 수정하여 내용을 명확히 하였습니다.

제81조

대통령은 국회에 출석하여 발언하거나 서한으로 의견을 표시할 수 있다.

제84조

대통령은 국회에 출석하여 발언하거나 문서로 의견을 표
시할 수 있다.

❚ 수정사항 없음.

제82조

대통령의 국법상 행위는 문서로써 하며, 이 문서에는 국무총리
와 관계 국무위원이 부서한다. 군사에 관한 것도 또한 같다.

제85조

대통령의 국법상 행위는 문서로써 하며, 이 문서에는 국무
총리와 관계 국무위원이 부서한다. 군사에 관한 것도 또한
같다.

❚ 특별한 내용의 변화없이 문맥을 수정하여 내용을 명
확히 하였습니다.

제83조

대통령은 국무총리·국무위원·행정각부의 장 기타 법률이 정하
는 공사의 직을 겸할 수 없다.

제86조

대통령은 국무총리, 국무위원, 행정각부의 장, 그 밖에 법
률로 정하는 공사의 직을 겸할 수 없다.

▎특별한 내용의 변화없이 문맥을 수정하여 내용을 명
확히 하였습니다.

제84조

대통령은 내란 또는 외환의 죄를 범한 경우를 제외하고는 재직
중 형사상의 소추를 받지 아니한다.

제87조

대통령은 내란 또는 외환의 죄를 범한 경우를 제외하고는
재직 중 형사상의 소추를 받지 않는다.

▌ 특별한 내용의 변화없이 문맥을 수정하여 내용을 명확히 하였습니다.

제85조

전직대통령의 신분과 예우에 관하여는 법률로 정한다.

제88조

전직 대통령의 신분과 예우에 관한 사항은 법률로 정한다.

▌ 특별한 내용의 변화없이 문맥을 수정하여 내용을 명확히 하였습니다.

제2절 행정부

제1관 국무총리와 국무위원

제86조

① 국무총리는 국회의 동의를 얻어 대통령이 임명한다.

② 국무총리는 대통령을 보좌하며, 행정에 관하여 대통령의 명을 받아 행정각부를 통할한다.

③ 군인은 현역을 면한 후가 아니면 국무총리로 임명될 수 없다.

제89조

① 국무총리는 국회에서 선출한다.(이원집정부제)

② 국무총리는 국방·외교·통일·보훈·인사·정보를 제외한 그 밖의 내치를 통할한다.

③ 현역 군인은 국무총리로 임명될 수 없다.

▌ 대통령의 권한 분산을 위해 국무총리를 국회에서 선출하거나(이원집정부제) 2인을 국회에서 선출하고 이중 1인을 대통령이 임명하는 방식(책임총리제)을 고려해 볼 수 있습니다.

제87조

① 국무위원은 국무총리의 제청으로 대통령이 임명한다.

② 국무위원은 국정에 관하여 대통령을 보좌하며, 국무회의의 구성원으로서 국정을 심의한다.

③ 국무총리는 국무위원의 해임을 대통령에게 건의할 수 있다.

④ 군인은 현역을 면한 후가 아니면 국무위원으로 임명될 수 없다.

제90조

① 국무위원은 국무총리의 제청으로 대통령이 임명한다.

② 국무위원은 국정에 관하여 대통령과 국무총리를 보좌하며, 국무회의의 구성원으로서 국정을 심의한다.

③ 국무총리는 국무위원의 해임을 대통령에게 건의할 수 있다.

④ 현역 군인은 국무위원으로 임명될 수 없다. 다만 국방업무를 담당하는 국무위원은 현역을 면한 지 5년 이상이 경과해야 한다.

▌국방부 장관은 현역을 면한 지 5년 이상이 경과한 경우로 조건을 제한하여 실질적인 문민통제를 더욱 강화하도록 하였습니다. 미국의 경우, 국방부 장관은 현역을 면한 지 10년이 경과해야 임명할 수 있습니다.

제2관 국무회의

제88조

① 국무회의는 정부의 권한에 속하는 중요한 정책을 심의한다.

② 국무회의는 대통령·국무총리와 15인 이상 30인 이하의 국무위원으로 구성한다.

③ 대통령은 국무회의의 의장이 되고, 국무총리는 부의장이 된다.

제91조

① 국무회의는 정부의 권한에 속하는 중요한 정책을 심의한다.

② 국무회의는 대통령·국무총리와 15인 이상 30인 이하의 국무위원으로 구성한다.

③ 대통령은 국무회의의 의장이 되고, 국무총리는 부의장이 된다.

▎수정사항 없음.

제89조

다음 사항은 국무회의의 심의를 거쳐야 한다.

1. 국정의 기본계획과 정부의 일반정책

2. 선전·강화 기타 중요한 대외정책

3. 헌법개정안·국민투표안·조약안·법률안 및 대통령령안

4. 예산안·결산·국유재산처분의 기본계획·국가의 부담이 될 계
   약 기타 재정에 관한 중요사항

5. 대통령의 긴급명령·긴급재정경제처분 및 명령 또는 계엄과
   그 해제

6. 군사에 관한 중요사항

7. 국회의 임시회 집회의 요구

8. 영전수여

9. 사면·감형과 복권

10. 행정각부간의 권한의 획정

11. 정부 안의 권한의 위임 또는 배정에 관한 기본계획

12. 국정처리상황의 평가·분석

13. 행정각부의 중요한 정책의 수립과 조정

14. 정당해산의 제소

15. 정부에 제출 또는 회부된 정부의 정책에 관계되는 청원의
    심사

16. 검찰총장·합동참모의장·각군참모총장·국립대학교총장·대
    사 기타 법률이 정한 공무원과 국영 기업체 관리자의 임명

17. 기타 대통령·국무총리 또는 국무위원이 제출한 사항

제92조

다음 사항은 국무회의의 심의를 거쳐야 한다.

1. 국정의 기본계획과 정부의 일반 정책

2. 선전, 강화, 그 밖의 중요한 대외 정책

3. 헌법개정안, 국민투표안, 조약안, 법률안 및 대통령령안

4. 예산안, 결산, 국유재산 처분의 기본계획, 국가에 부담이 될 계약, 그 밖에 재정에 관한 중요 사항

5. 대통령의 긴급명령, 긴급재정경제처분 및 명령

6. 군사에 관한 중요 사항

7. 국회의 임시회 요구

8. 영전 수여

9. 사면·감형과 복권

10. 행정각부 간의 권한 획정

11. 정부 안의 권한 위임 또는 배정에 관한 기본계획

12. 국정 처리 상황의 평가·분석

13. 행정각부의 중요 정책수립과 조정

14. 정당 해산의 제소

15. 정부에 제출되거나 회부된 정부 정책에 관계되는 청원의 심사

16. 검찰총장, 합동참모의장, 각군참모총장, 국립대학교 총

장, 대사, 그 밖에 법률로 정한 공무원과국영기업체 관

리자의 임명

17. 그 밖에 대통령·국무총리나 국무위원이 제출한 사항

▌기존 헌법의 문맥을 수정하였고, 또한 대통령의 계엄 선포권 삭제에 따라 그 부분도 수정하였습니다.

제90조

① 국정의 중요한 사항에 관한 대통령의 자문에 응하기 위하여 국가원로로 구성되는 국가원로자문회의를 둘 수 있다.

② 국가원로자문회의의 의장은 직전대통령이 된다. 다만, 직전대통령이 없을 때에는 대통령이 지명한다.

③ 국가원로자문회의의 조직·직무범위 기타 필요한 사항은 법률로 정한다.

제93조

① 정부와 지방정부 간 협력을 추진하고 지방자치와 지역 간 균형 발전에 관련되는 중요 정책을 심의하기 위하여 국가자치분권회의를 둔다.

② 국가자치분권회의는 대통령, 국무총리, 법률로 정하는 국무위원과 지방행정부의 장으로 구성한다.

③ 대통령은 국가자치분권회의의 의장이 되고, 국무총리는 부의장이 된다.

④ 국가자치분권회의의 조직과 운영 등 구체적인 사항은 법률로 정한다.

▍위 기존 헌법 90조항의 국가원로자문회의 조항은 삭제하였습니다. 실제로 국가원로자문회의가 구성된 바도 없을 뿐만 아니라 이 기구가 당시 전두환이 퇴임 후 상왕으로 역할을 하기 위해 만들었다고 알려지는 등 불필요한 조항이라고 판단하였습니다. 이를 대신하여 새로운 자치분권 시대를 열어가기 위해 반드시 필요한 '국가자치분권회의'를 신설하는 것으로 하였습니다. 국가자치분권회의는 대통령과 국무총리, 법률로 정하는 국무위원과 지방행정부의 장으로 구성토록 하여 실질적인 자치의 강화와 지역소멸 등 지역의 문제를 해결하는 명실상부한 국가기구로 새롭게 신설하였습니다.

제91조

① 국가안전보장에 관련되는 대외정책·군사정책과 국내정책의
수립에 관하여 국무회의의 심의에 앞서 대통령의 자문에 응
하기 위하여 국가안전보장회의를 둔다.

② 국가안전보장회의는 대통령이 주재한다.

③ 국가안전보장회의의 조직·직무범위 기타 필요한 사항은 법
률로 정한다.

제94조

① 국가안전보장에 관련되는 대외정책·군사정책과 국내정
책의 수립에 관하여 국무회의의 심의에 앞서 대통령의
자문에 응하게 하기 위하여 국가안전보장회의를 둔다.

② 국가안전보장회의는 대통령이 주재한다.

③ 국가안전보장회의의 조직, 직무범위, 그 밖에 필요한 사
항은 법률로 정한다.

❚ 내용의 수정없이 문맥을 가다듬었습니다.

제92조

① 평화통일정책의 수립에 관한 대통령의 자문에 응하기 위하여 민주평화통일자문회의를 둘 수 있다.

② 민주평화통일자문회의의 조직·직무범위 기타 필요한 사항은 법률로 정한다.

제95조

① 평화통일정책의 수립에 관한 대통령의 자문에 응하게 하기 위하여 민주평화통일자문회의를 둘 수 있다.

② 민주평화통일자문회의의 조직, 직무범위, 그 밖에 필요한 사항은 법률로 정한다.

▎ 내용의 수정없이 문맥을 가다듬었습니다.

제93조

① 국민경제의 발전을 위한 중요정책의 수립에 관하여 대통령의 자문에 응하기 위하여 국민경제자문회의를 둘 수 있다.

② 국민경제자문회의의 조직·직무범위 기타 필요한 사항은 법률로 정한다.

제96조

① 국민경제의 발전을 위한 중요정책의 수립에 관하여 대통령의 자문에 응하게 하기 위하여 국민경제자문회의를 둘 수 있다.

② 국민경제자문회의의 조직, 직무범위, 그 밖에 필요한 사항은 법률로 정한다.

❚ 내용의 수정없이 문맥을 가다듬었습니다.

제3관 행정각부

제94조

행정각부의 장은 국무위원 중에서 국무총리의 제청으로 대통령이 임명한다.

제97조

행정각부의 장은 국무위원 중에서 국무총리의 제청으로 대통령이 임명한다.

▌ 수정사항 없음.

제95조

　국무총리 또는 행정각부의 장은 소관사무에 관하여 법률이나 대
　통령령의 위임 또는 직권으로 총리령 또는 부령을 발할 수 있다.

제98조

　국무총리 또는 행정각부의 장은 소관 사무에 관하여 법률
　이나 대통령령의 위임 또는 직권으로 총리령 또는 부령을
　발할 수 있다.

▌ 수정사항 없음.

제96조

　행정각부의 설치·조직과 직무범위는 법률로 정한다.

제99조

　행정각부의 설치·조직과 직무 범위는 법률로 정한다.

▎수정사항 없음.

제4관 감사원

제97조

국가의 세입·세출의 결산, 국가 및 법률이 정한 단체의 회계검
사와 행정기관 및 공무원의 직무에 관한 감찰을 하기 위하여
대통령 소속하에 감사원을 둔다.

제100조

① 국가의 세입·세출의 결산, 국가·지방정부 및 법률로 정하
  는 단체의 회계검사, 법률로 정하는 국가·지방정부의 기
  관 및 공무원의 직무에 관한 감찰을 하기 위하여 국회
  산하에 감사원을 둔다.

② 감사원은 독립하여 직무를 수행한다.

▎ 감사원을 대통령 소속에서 국회 산하의 독립된 기관
으로 명확히 표기하여 감사원의 독립성을 높이고자 했습
니다. 감사원을 국회 소속으로 한다면 이 조항에서 떼어

앞에 국회 조항에 넣어야 합니다. 또한 국회 산하로 하더라도 감사원장과 감사위원의 임명을 국회와 행정부, 사법부가 나누어서 행사하도록 하는 것도 하나의 방안이 될 것입니다.

제98조

① 감사원은 원장을 포함한 5인 이상 11인 이하의 감사위원으로 구성한다.

② 원장은 국회의 동의를 얻어 대통령이 임명하고, 그 임기는 4년으로 하며, 1차에 한하여 중임할 수 있다.

③ 감사위원은 원장의 제청으로 대통령이 임명하고, 그 임기는 4년으로 하며, 1차에 한하여 중임할 수 있다.

제101조

① 감사원은 원장을 포함한 9명의 감사위원으로 구성하며, 감사위원은 국회의장이 임명한다.

② 제1항의 감사위원 중 3명은 국회에서 선출하는 사람을, 3명은 대법관회의에서 선출하는 사람을, 3명은 대통령이 임명한다.

③ 감사원장은 감사위원 중에서 국회의 의결을 거쳐 국회

의장이 임명한다.

④ 감사원장과 감사위원의 임기는 6년으로 한다. 다만, 감사위원으로 재직 중인 사람이 감사원장으로 임명되는 경우 그 임기는 감사위원 임기의 남은 기간으로 한다.

⑤ 감사위원은 정당에 가입하거나 정치에 관여할 수 없다.

⑥ 감사위원은 탄핵되거나 금고 이상의 형을 선고받지 않고는 파면되지 않는다.

▎감사위원을 행정, 입법, 사법부가 각 3명씩 선출할 수 있도록 하는 것도 공정성을 높이는 방안이 될 수 있습니다. 특히 대법원장이 지명하는 것이 아닌 대법관 회의에서 선출하도록 하여 공정성을 높이고자 했습니다. 이 조항은 감사원의 위치에 따라 몇 가지의 조항이 삭제되거나 수정될 수 있습니다.

제99조

감사원은 세입·세출의 결산을 매년 검사하여 대통령과 차년도 국회에 그 결과를 보고하여야 한다.

제102조

　감사원은 세입·세출의 결산을 매년 검사하여 국회의장과
다음 연도 국회에 그 결과를 보고해야 한다.

▌ 국회 산하기관으로서 보고자에 대한 내용을 수정하
였습니다.

제100조

　감사원의 조직·직무범위·감사위원의 자격·감사대상공무원의
범위 기타 필요한 사항은 법률로 정한다.

제103조

　① 감사원은 법률에 위반되지 않는 범위에서 감사에 관한
　　 절차, 감사원의 내부 규율과 감사 사무 처리에 관한 규
　　 칙을 제정할 수 있다.
　② 감사원의 조직, 직무 범위, 감사위원의 자격, 감사 대상
　　 공무원의 범위, 그 밖에 필요한 사항은 법률로 정한다.

▌ 감사원이 자체의 규칙을 제정할 수 있게 하였습니다.

제5장 법원

제101조

① 사법권은 법관으로 구성된 법원에 속한다.

② 법원은 최고법원인 대법원과 각급법원으로 조직된다.

③ 법관의 자격은 법률로 정한다.

제104조

① 사법권은 법관으로 구성된 법원에 있다. 국민은 법률로
   정하는 바에 따라 배심 또는 그 밖의 방법으로 재판에
   참여할 수 있다.

② 법원은 최고법원인 대법원과 각급 법원으로 조직한다.

③ 법관의 자격은 법률로 정한다.

▌ 내용의 특별한 수정없이 문맥을 수정하여 뜻을 명확
히 하였습니다.

제102조

　① 대법원에 부를 둘 수 있다.

　② 대법원에 대법관을 둔다. 다만, 법률이 정하는 바에 의하여

　　대법관이 아닌 법관을 둘 수 있다.

　③ 대법원과 각급법원의 조직은 법률로 정한다.

제105조

　① 대법원에 일반재판부와 전문재판부를 둘 수 있다.

　② 대법원에 대법관을 둔다. 다만, 법률로 정하는 바에 따

　　라 대법관이 아닌 법관을 둘 수 있다.

　③ 대법원과 각급 법원의 조직은 법률로 정한다.

❚ 대법원 재판부를 일반재판부와 전문재판부로 나눠 설치할 수 있도록 내용을 수정하였습니다. 나머지 내용은 문맥을 수정하여 뜻을 명확히 하였습니다.

제103조

　법관은 헌법과 법률에 의하여 그 양심에 따라 독립하여 심판
　한다.

제106조

① 법관은 헌법과 법률에 의하여 그 양심에 따라 독립하여 심판한다.

② 법률로 정하는 바에 따라 국민배심원제를 도입하여 국민참여 재판을 할 수 있다.

▌ 국민배심재판제도를 도입할 수 있는 근거조항을 마련하였습니다.

제104조

① 대법원장은 국회의 동의를 얻어 대통령이 임명한다.

② 대법관은 대법원장의 제청으로 국회의 동의를 얻어 대통령이 임명한다.

③ 대법원장과 대법관이 아닌 법관은 대법관회의의 동의를 얻어 대법원장이 임명한다.

제107조

① 대법원장은 국회의 동의를 받아 대통령이 임명한다.

② 대법관은 대법관추천위원회의 추천을 거쳐 대법원장 제

청으로 국회의 동의를 받아 대통령이 임명한다.

③ 대법관추천위원회는 대통령이 지명하는 3명, 대법원장
이 지명하는 2명, 법률로 정하는 법관회의에서 선출하
는 2명, 국회가 선출하는 2명의 위원으로 구성한다.

④ 대법원장·대법관이 아닌 법관은 법관인사위원회의 제
청으로 대법관회의의 동의를 받아 대법원장이 임명한
다.

⑤ 대법관추천위원회 및 법관인사위원회의 조직과 운영
등 구체적인 사항은 법률로 정한다.

▌ 대법관 임명의 공정성을 높이기 위해 '대법관추천위
원회'를 신설하여 대법원장 제청으로 국회의 동의 후 대통
령이 임명하는 것으로 수정하였습니다. 대법관추천위원회
는 대통령 3명, 대법원장 2명, 법관회의 2명, 국회 2명으로
구성토록 하여 공정성을 기하였습니다. 또한 일반 법관의
경우도 법관인사위원회의 제정을 받고 다시 대법관회의의
동의를 받도록 하여 법관 임명의 절차를 까다롭게 하였습
니다. 이를 통해 법관의 공정성을 더욱 높이고자 하였습니
다.

제105조

① 대법원장의 임기는 6년으로 하며, 중임할 수 없다.

② 대법관의 임기는 6년으로 하며, 법률이 정하는 바에 의하여 연임할 수 있다.

③ 대법원장과 대법관이 아닌 법관의 임기는 10년으로 하며, 법률이 정하는 바에 의하여 연임할 수 있다.

④ 법관의 정년은 법률로 정한다.

제108조

① 대법원장의 임기는 6년으로 하며, 중임할 수 없다.

② 대법관의 임기는 6년으로 하며, 법률로 정하는 바에 따라 연임할 수 있다.

③ 법관의 정년은 법률로 정한다.

▍ 일반 법관의 임기조항을 삭제하고 대법원장, 대법관을 제외한 모든 법관의 정년을 법률로 정하도록 수정하였습니다.

제106조

　① 법관은 탄핵 또는 금고 이상의 형의 선고에 의하지 아니하고는 파면되지 아니하며, 징계 처분에 의하지 아니하고는 정직·감봉 기타 불리한 처분을 받지 아니한다.

　② 법관이 중대한 심신상의 장해로 직무를 수행할 수 없을 때에는 법률이 정하는 바에 의하여 퇴직하게 할 수 있다.

제109조

　① 법관은 탄핵되거나 금고 이상의 형을 선고받지 않고는 파면되지 않으며, 징계처분에 의하지 않고는 해임, 정직, 감봉, 그 밖의 불리한 처분을 받지 않는다.

　② 법관이 중대한 심신상의 장해로 직무를 수행할 수 없을 때에는 법률로 정하는 바에 따라 퇴직하게 할 수 있다.

▎ 내용의 수정없이 문맥을 바로 잡았습니다.

제107조

　① 법률이 헌법에 위반되는 여부가 재판의 전제가 된 경우에는 법원은 헌법재판소에 제청하여 그 심판에 의하여 재판한다.

② 명령·규칙 또는 처분이 헌법이나 법률에 위반되는 여부가 재판의 전제가 된 경우에는 대법원은 이를 최종적으로 심사할 권한을 가진다.

③ 재판의 전심절차로서 행정심판을 할 수 있다. 행정심판의 절차는 법률로 정하되, 사법절차가 준용되어야 한다.

제110조

① 법률이 헌법에 위반되는지가 재판의 전제가 된 경우 법원은 헌법재판소에 제청하여 그 심판에 따라 재판한다.

② 명령·규칙 또는 자치법률이 헌법이나 법률에 위반되는지가 재판의 전제가 된 경우 대법원은 이를 최종적으로 심사할 권한을 가진다.

③ 재판의 전심절차로서 행정심판을 할 수 있다. 행정심판의 절차는 법률로 정하되, 사법절차가 준용되어야 한다.

▎ 내용의 수정없이 문맥을 바로 잡고 제2항에 규정된 '처분'을 '자치법률'로 수정하였습니다.

제108조

　대법원은 법률에 저촉되지 아니하는 범위 안에서 소송에 관한
　절차, 법원의 내부규율과 사무처리에 관한 규칙을 제정할 수
　있다.

제111조

　대법원은 법률에 위반되지 않는 범위에서 소송에 관한 절
　차, 법원의 내부 규율과 사무 처리에 관한 규칙을 제정할
　수 있다.

❚ 내용의 수정없이 문맥을 바로 잡았습니다.

제109조

　재판의 심리와 판결은 공개한다. 다만, 심리는 국가의 안전보장
　또는 안녕질서를 방해하거나 선량한 풍속을 해할 염려가 있을
　때에는 법원의 결정으로 공개하지 아니할 수 있다.

제112조

　재판의 심리와 판결은 공개한다. 다만, 심리는 국가의 안전

보장 또는 안녕질서를 방해하거나 선량한 풍속을 해칠 염려가 있을 때에는 법원의 결정으로 공개하지 않을 수 있다.

❚ 내용의 수정없이 문맥을 바로 잡았습니다.

제110조

① 군사재판을 관할하기 위하여 특별법원으로서 군사법원을 둘 수 있다.

② 군사법원의 상고심은 대법원에서 관할한다.

③ 군사법원의 조직·권한 및 재판관의 자격은 법률로 정한다.

④ 비상계엄하의 군사재판은 군인·군무원의 범죄나 군사에 관한 간첩죄의 경우와 초병·초소·유독음식물공급·포로에 관한 죄 중 법률이 정한 경우에 한하여 단심으로 할 수 있다. 다만, 사형을 선고한 경우에는 그러하지 아니하다.

제113조

① 대통령 비상조치 선포 시 또는 국외파병 시의 군사재판을 관할하기 위하여 특별법원으로서 군사법원을 둘 수 있다.

② 군사법원의 상고심은 대법원에서 관할한다.

③ 군사법원의 조직·권한 및 재판관의 자격은 법률로 정한

　다.

❚ 대통령 비상조치와 국외 파병 등 불가피한 조건에서
만 군사법원을 설치하도록 군사법원의 일반적 설치를 제한
하여 불필요한 군사재판을 줄이도록 하였습니다. 군사법원
은 현재 전 세계에서 미국과 한국에만 있는 것으로 해외
파병이 상대적으로 적은 우리나라가 모든 부대 단위에 군
사법원을 설치할 이유가 없습니다.

제6장 헌법재판소

제111조

① 헌법재판소는 다음 사항을 관장한다.

1. 법원의 제청에 의한 법률의 위헌여부 심판

2. 탄핵의 심판

3. 정당의 해산 심판

4. 국가기관 상호간, 국가기관과 지방자치단체간 및 지방자
   치단체 상호간의 권한쟁의에 관한 심판

5. 법률이 정하는 헌법소원에 관한 심판

② 헌법재판소는 법관의 자격을 가진 9인의 재판관으로 구성
   하며, 재판관은 대통령이 임명한다.

③ 제2항의 재판관 중 3인은 국회에서 선출하는 자를, 3인은
   대법원장이 지명하는 자를 임명한다.

④ 헌법재판소의 장은 국회의 동의를 얻어 재판관 중에서 대통
   령이 임명한다.

제114조

① 헌법재판소는 다음 사항을 관장한다.

1. 법원의 제청에 의한 법률의 위헌 여부 심판

2. 탄핵의 심판

3. 정당의 해산 심판

4. 국가기관 상호 간, 국가기관과 지방정부 간, 지방정부 상호 간의 권한쟁의에 관한 심판

5. 법률로 정하는 헌법소원에 관한 심판

6. 대통령 권한대행의 개시 또는 대통령의 직무 수행 가능 여부에 관한 심판

7. 그 밖에 법률로 정하는 사항에 관한 심판

② 헌법재판소는 9명의 재판관으로 구성하며, 재판관은 대통령이 임명한다.

③ 제2항의 재판관 중 3명은 대통령이 지명하는 사람을, 3명은 국회에서 선출하는 사람을, 3명은 대법관회의에서 선출하는 사람을 임명하되 선출로 지명되는 사람은 선출된 후 15일이 경과하면 임명된 것으로 본다.

④ 헌법재판소의 장은 재판관 중에서 호선한다.

▌ 헌법재판소 재판관의 자격을 '법관의 자격' 조항을

삭제하여 반드시 판사만 재판관이 되는 현실적인 문제를 해결하고자 하였습니다. 이렇게 될 경우 헌재 재판관은 다양한 경험과 직업군을 가진 사람으로 임명할 수 있는 길이 열립니다. 그동안 헌법재판소가 판사 중심의 사고를 한다는 비판도 피해갈 수 있습니다. 이는 법률에 구체적인 자격 조항을 두면 될 것입니다. 헌법재판소의 심판 대상을 조정하여 조문을 정비하였고 재판관 중 대법원장이 지명하는 3명을 대법관 회의에서 선출하는 것으로 수정하여 객관성을 높였고, 국회에서 선출하는 3인과 더불어 선출 후 15일이 경과하면 임명된 것으로 간주하도록 하였습니다. 이는 국회에서 선출된 재판관이 대통령의 불응으로 임명 받지 못하는 상황이 발생하지 않도록 제한한 것입니다.

제112조

① 헌법재판소 재판관의 임기는 6년으로 하며, 법률이 정하는 바에 의하여 연임할 수 있다.

② 헌법재판소 재판관은 정당에 가입하거나 정치에 관여할 수 없다.

③ 헌법재판소 재판관은 탄핵 또는 금고 이상의 형의 선고에

의하지 아니하고는 파면되지 아니한다.

제115조

① 헌법재판소 재판관의 임기는 6년으로 하며, 법률로 정하
는 바에 따라 연임할 수 있다. 다만 국회 또는 대법관회의
에서 선출된 재판관은 후임자의 선출일을 퇴임일로 한다.

② 헌법재판소 재판관은 정당에 가입하거나 정치에 관여할
수 없다.

③ 헌법재판소 재판관은 탄핵되거나 금고 이상의 형을 선
고받지 않고는 파면되지 않는다.

▌국회 또는 대법관 회의에서 선출을 하지 않을 경우,
재판관의 공백이 발생하기 때문에 임기에 단서조항을 넣어
서 후임자 선출일을 퇴임일로 하였습니다. 이 조항이 현실
화 되면 선출 미비를 인한 재판관 공석을 원천적으로 막을
수 있습니다.

제113조

① 헌법재판소에서 법률의 위헌결정, 탄핵의 결정, 정당해산의

결정 또는 헌법소원에 관한 인용결정을 할 때에는 재판관 6인 이상의 찬성이 있어야 한다.

② 헌법재판소는 법률에 저촉되지 아니하는 범위 안에서 심판에 관한 절차, 내부규율과 사무처리에 관한 규칙을 제정할 수 있다.

③ 헌법재판소의 조직과 운영 기타 필요한 사항은 법률로 정한다.

제116조

① 헌법재판소에서 법률의 위헌결정, 탄핵의 결정, 정당 해산의 결정 또는 헌법소원에 관한 인용 결정을 할 때에는 재판관 6명 이상이 찬성해야 한다.

② 헌법재판소는 법률에 위반되지 않는 범위에서 심판에 관한 절차, 내부 규율과 사무 처리에 관한 규칙을 제정할 수 있다.

③ 헌법재판소의 조직과 운영, 그 밖에 필요한 사항은 법률로 정한다.

▌ 내용의 수정없이 문맥을 수정하여 뜻을 명확히 하였습니다.

제7장 선거관리

제114조

① 선거와 국민투표의 공정한 관리 및 정당에 관한 사무를 처리하기 위하여 선거관리위원회를 둔다.

② 중앙선거관리위원회는 대통령이 임명하는 3인, 국회에서 선출하는 3인과 대법원장이 지명하는 3인의 위원으로 구성한다. 위원장은 위원 중에서 호선한다.

③ 위원의 임기는 6년으로 한다.

④ 위원은 정당에 가입하거나 정치에 관여할 수 없다.

⑤ 위원은 탄핵 또는 금고 이상의 형의 선고에 의하지 아니하고는 파면되지 아니한다.

⑥ 중앙선거관리위원회는 법령의 범위 안에서 선거관리·국민투표관리 또는 정당사무에 관한 규칙을 제정할 수 있으며, 법률에 저촉되지 아니하는 범위 안에서 내부규율에 관한 규칙을 제정할 수 있다.

⑦ 각급 선거관리위원회의 조직·직무범위 기타 필요한 사항은

법률로 정한다.

제117조

① 선거관리위원회는 다음 사무를 관장한다.

1. 국가와 지방정부의 선거에 관한 사무

2. 국민발안, 국민투표, 국민소환의 관리에 관한 사무

3. 정당과 정치자금에 관한 사무

4. 주민발안, 주민투표, 주민소환의 관리에 관한 사무

5. 그 밖에 법률로 정하는 사무

② 중앙선거관리위원회는 대통령이 임명하는 3명, 국회에서 선출하는 3명, 대법관회의에서 선출하는 3명의 위원으로 구성한다. 위원장은 위원 중에서 호선한다.

③ 위원의 임기는 6년으로 한다.

④ 위원은 정당에 가입하거나 정치에 관여할 수 없다.

⑤ 위원은 탄핵되거나 금고 이상의 형을 선고받지 않고는 파면되지 않는다.

⑥ 중앙선거관리위원회는 법률에 위반되지 않는 범위에서 소관 사무의 처리와 내부 규율에 관한 규칙을 제정할 수 있다.

⑦ 각급 선거관리위원회의 조직, 직무범위, 그 밖에 필요한

사항은 법률로 정한다.

▎선관위의 업무를 수정된 헌법조문에 맞게 수정하였습니다. 새롭게 규정된 업무에는 국민발안, 국민소환의 내용도 포함하였습니다. 또한 헌법재판소와 마찬가지로 대통령 임명 3명, 국회와 대법관 회의가 선출하는 각각 3명으로 위원을 구성하도록 하였습니다.

제115조

① 각급 선거관리위원회는 선거인명부의 작성 등 선거사무와 국민투표사무에 관하여 관계 행정기관에 필요한 지시를 할 수 있다.

② 제1항의 지시를 받은 당해 행정기관은 이에 응하여야 한다.

제118조

① 각급 선거관리위원회는 선거인 명부의 작성 등 선거사무와 국민투표 사무에 관하여 관계 행정기관에 필요한 지시를 할 수 있다.

② 제1항의 지시를 받은 행정기관은 지시에 따라야 한다.

▌ 내용의 수정없이 문맥을 수정하여 매끄럽게 하였습니다.

제116조

① 선거운동은 각급 선거관리위원회의 관리하에 법률이 정하는 범위 안에서 하되, 균등한 기회가 보장되어야 한다.

② 선거에 관한 경비는 법률이 정하는 경우를 제외하고는 정당 또는 후보자에게 부담시킬 수 없다.

제119조

① 누구나 자유롭게 선거운동을 할 수 있다. 다만, 후보자 간 공정한 기회를 보장하기 위하여 필요한 경우에만 법률로써 제한할 수 있다.

② 선거에 관한 경비는 법률로 정하는 경우를 제외하고는 정당이나 후보자에게 부담시킬 수 없다.

▌ 참정권이 국민의 기본권리라는 인식에서 선거운동의 자유를 선언적으로 적용하였고 법률이 아닌 규칙 등으로 제한할 수 없도록 하였습니다.

제8장 지방자치

제117조

① 지방자치단체는 주민의 복리에 관한 사무를 처리하고 재산을 관리하며, 법령의 범위 안에서 자치에 관한 규정을 제정할 수 있다.

② 지방자치단체의 종류는 법률로 정한다.

제118조

① 지방자치단체에 의회를 둔다.

② 지방의회의 조직·권한·의원선거와 지방자치단체의장의 선임방법 기타 지방자치단체의 조직과 운영에 관한 사항은 법률로 정한다.

제120조

① 모든 주민은 기본권으로서 자치권을 가진다. 지방정부의 자치권은 주민으로부터 나온다. 주민은 지방정부를

조직하고 운영하는 데 참여할 권리를 가진다.

② 지방정부의 종류 등 지방정부에 관한 주요 사항은 국가
법률로 정한다.

③ 주민발안, 주민투표 및 주민소환에 관하여 그 대상, 요
건 등 기본적인 사항은 국가법률로 정하고, 구체적인 내
용은 자치법률로 정한다.

④ 국가와 지방정부 간, 지방정부 상호 간 사무의 배분은
주민에게 가까운 지방정부가 우선한다는 원칙에 따라
국가법률로 정한다.

▌ 주민의 자치권을 천명하고 지방정부의 자치권이 주민
으로부터 나온다는 내용을 명시하여 자치와 분권의 시대
를 맞는 새로운 내용을 개정헌법에 반영하였습니다. 제4항
에는 주민에게 가까운 정부가 우선한다는 보충성의 원리
를 헌법에 천명하였습니다.

제121조

① 지방정부에 주민이 보통·평등·직접·비밀 선거로 구성하
는 지방의회를 둔다.

② 지방의회의 구성 방법, 지방행정부의 유형, 지방행정부

의 장의 선임 방법 등 지방정부의 조직과 운영에 관한 기본
적인 사항은 국가법률로 정하고, 구체적인 내용은 자치법률
로 정한다.

❚ 지방의회의 근거조항을 명확히 하고 주민들이 그 권
한의 원천임을 분명히 하였습니다. 또한 지금까지 '조례'로
통용되던 용어를 '자치법률'로 수정하였습니다.

제122조

① 지방의회는 법률에 위반되지 않는 범위에서 주민의 자
치와 복리에 필요한 사항에 관하여 자치법률을 제정할 수
있다. 다만, 권리를 제한하거나 의무를 부과하는 경우 국가
법률의 위임이 있어야 한다.

② 지방행정부의 장은 국가법률 또는 자치법률을 집행하기
위하여 필요한 사항과 국가법률 또는 자치법률에서 구체적
으로 범위를 정하여 위임받은 사항에 관하여 자치규칙을 정
할 수 있다.

❚ 지방의회와 지방자치단체의 장의 역할과 권한을 명확
히 하여 주민들에 의해 성립된 정부임을 규정하였습니다.

제123조

① 지방정부는 자치사무의 수행에 필요한 경비를 스스로 부담한다. 국가 또는 다른 지방정부가 위임한 사무를 집행하는 경우 그 비용은 위임하는 국가 또는 다른 지방정부가 부담한다.

② 지방의회는 국가법률에 위반되지 않는 범위에서 자치세의 종목과 세율, 징수 방법 등에 관한 자치법률을 제정할 수 있다.

③ 조세로 조성된 재원은 국가와 지방정부의 사무 부담범위에 부합하게 배분되어야 한다.

④ 국가와 지방정부, 지방정부 상호 간에 국가법률로 정하는 바에 따라 적정한 재정조정을 시행한다.

❚ 지방의회와 지방정부에게 지방세 징수권을 부여하도록 하여 스스로 지방재정이 확충될 수 있게 노력하는 여건을 만들고자 하였습니다.

제9장 경제

제119조

① 대한민국의 경제질서는 개인과 기업의 경제상의 자유와 창의를 존중함을 기본으로 한다.

② 국가는 균형 있는 국민경제의 성장 및 안정과 적정한 소득의 분배를 유지하고, 시장의 지배와 경제력의 남용을 방지하며, 경제주체간의 조화를 통한 경제의 민주화를 위하여 경제에 관한 규제와 조정을 할 수 있다.

제124조

① 대한민국의 경제 질서는 개인과 기업의 경제상의 자유와 창의를 존중함을 기본으로 한다.

② 국가는 균형 있는 국민경제의 성장 및 안정과 적정한 소득의 분배를 유지하고, 시장의 지배와 경제력의 남용을 방지하며, 경제 주체 간의 상생과 조화를 통한 경제의 민주화를 실현하기 위하여 경제에 관한 규제와 조정을

할 수 있다.

③ 국가는 지역 간의 균형 있는 발전을 위하여 지역경제를
육성할 의무를 진다.

▌3항에서 지역 간의 균형있는 발전을 새롭게 추가하였
고 나머지는 기존 헌법의 문맥을 다듬어 그 뜻을 명확히
하였습니다.

제120조

① 광물 기타 중요한 지하자원·수산자원·수력과 경제상 이용할
수 있는 자연력은 법률이 정하는 바에 의하여 일정한 기간
그 채취·개발 또는 이용을 특허할 수 있다.

② 국토와 자원은 국가의 보호를 받으며, 국가는 그 균형있는
개발과 이용을 위하여 필요한 계획을 수립한다.

제125조

① 국가는 국토와 자원을 보호해야 하며, 지속 가능하고
균형 있는 이용·개발과 보전을 위하여 필요한 계획을 수
립한다.

② 광물을 비롯한 중요한 지하자원, 해양수산자원, 산림자원, 수력과 풍력 등 경제상 이용할 수 있는 자연력은 법률로 정하는 바에 따라 국가가 일정 기간 채취·개발 또는 이용을 특허할 수 있다.

❚ 특별한 조항의 수정없이 기존 헌법의 문맥을 다듬어 그 뜻을 명확히 하였습니다.

제121조

① 국가는 농지에 관하여 경자유전의 원칙이 달성될 수 있도록 노력하여야 하며, 농지의 소작제도는 금지된다.

② 농업생산성의 제고와 농지의 합리적인 이용을 위하거나 불가피한 사정으로 발생하는 농지의 임대차와 위탁경영은 법률이 정하는 바에 의하여 인정된다.

제126조

① 국가는 농지에 관하여 경자유전의 원칙이 달성될 수 있도록 노력해야 하며, 농지의 소작제도는 금지된다.

② 농업생산성의 제고와 농지의 합리적인 이용을 위하거나

불가피한 사정으로 발생하는 농지의 임대차와 위탁경영
은 법률로 정하는 바에 따라 인정된다.

▌ 특별한 조항의 수정없이 기존 헌법의 문맥을 현대에
맞게 조정하였습니다.

제122조
국가는 국민 모두의 생산 및 생활의 기반이 되는 국토의 효율
적이고 균형 있는 이용·개발과 보전을 위하여 법률이 정하는
바에 의하여 그에 관한 필요한 제한과 의무를 과할 수 있다.

제127조
① 국가는 국민 모두의 생산과 생활의 바탕이 되는 국토의
효율적이고 균형 있는 이용·개발과 보전을 위하여 법률
로 정하는 바에 따라 필요한 제한을 하거나 의무를 부
과할 수 있다.
② 국가는 토지의 공공성과 합리적 사용을 위하여 필요한
경우에만 법률로써 특별한 제한을 하거나 의무를 부과
할 수 있다.

▎ 특별한 조항의 수정없이 기존 헌법의 문맥을 현대에 맞게 조정하였고 구체적인 국가권한의 한계를 분명히 조정하였습니다.

제123조

① 국가는 농업 및 어업을 보호·육성하기 위하여 농·어촌종합개발과 그 지원 등 필요한 계획을 수립·시행하여야 한다.

② 국가는 지역간의 균형 있는 발전을 위하여 지역경제를 육성할 의무를 진다.

③ 국가는 중소기업을 보호·육성하여야 한다.

④ 국가는 농수산물의 수급균형과 유통구조의 개선에 노력하여 가격안정을 도모함으로써 농·어민의 이익을 보호한다.

⑤ 국가는 농·어민과 중소기업의 자조조직을 육성하여야 하며, 그 자율적 활동과 발전을 보장한다.

제128조

① 국가는 식량의 안정적 공급과 생태 보전 등 농어업의 공익적 기능을 바탕으로 농어촌의 지속가능한 발전과 농어민의 삶의 질 향상을 위한 지원 등 필요한 계획을 수

립·시행해야 한다.

② 국가는 농수산물의 수급균형과 유통구조의 개선에 노력하여 가격 안정을 도모함으로써 농어민의 이익을 보호한다.

③ 국가는 농어민의 자조조직을 육성해야 하며, 그 조직의 자율적 활동과 발전을 보장한다.

제129조(신설)

① 국가는 중소기업과 소상공인을 보호·육성하고, 협동조합의 육성 등 사회적 경제의 진흥을 위하여 노력해야 한다.

② 국가는 중소기업과 소상공인의 자조조직을 육성해야 하며, 그 조직의 자율적 활동과 발전을 보장한다.

❚ 기존 헌법에 규정되지 않은 농어촌의 지속가능한 발전과 중소기업과 소상공인 보호에 대한 규정을 추가하여 130조를 새로 신설하였고, 나머지 조항은 내용의 큰 변화 없이 현대 사회의 변화된 환경을 반영하며 문구를 수정하였습니다.

제124조

　국가는 건전한 소비행위를 계도하고 생산품의 품질향상을 촉구하기 위한 소비자보호운동을 법률이 정하는 바에 의하여 보장한다.

제130조

　① 국가는 안전하고 우수한 품질의 생산품과 용역을 제공받을 수 있도록 소비자의 권리를 보장해야 하며, 이를 위하여 필요한 정책을 시행해야 한다.

　② 국가는 법률로 정하는 바에 따라 소비자운동을 보장한다.

▎ 특별한 내용의 수정없이 문맥을 다듬고 조항을 분리하여 국가의 책무를 세분화 하였습니다.

제125조

　국가는 대외무역을 육성하며, 이를 규제·조정할 수 있다.

제131조

　국가는 대외무역을 육성하며, 이를 규제·조정할 수 있다.

▌ 수정사항 없음.

제126조

　국방상 또는 국민경제상 긴절한 필요로 인하여 법률이 정하는
　경우를 제외하고는, 사영기업을 국유 또는 공유로 이전하거나
　그 경영을 통제 또는 관리할 수 없다.

제132조

　국방이나 국민경제에 절실히 필요하여 법률로 정하는 경
　우를 제외하고는, 사영기업을 국유 또는 공유로 이전하거
　나 그 경영을 통제 또는 관리할 수 없다.

▌ 내용의 수정없이 문맥을 다듬어 뜻을 명확하게 하였
습니다.

제127조

　① 국가는 과학기술의 혁신과 정보 및 인력의 개발을 통하여
　　국민경제의 발전에 노력하여야 한다.

② 국가는 국가표준제도를 확립한다.

③ 대통령은 제1항의 목적을 달성하기 위하여 필요한 자문기

구를 둘 수 있다.

제133조

① 국가는 국민경제의 발전과 국민의 삶의 질 향상을 위하

여 기초 학문을 장려하고 과학기술을 혁신하며 정보와

인력을 개발하는 데 노력해야 한다.

② 국가는 국가표준제도를 확립한다.

③ 대통령은 제1항의 목적을 달성하기 위하여 필요한 자문

기구를 둘 수 있다.

▌ 내용의 수정없이 문맥을 다듬어 뜻을 명확하게 하였

습니다.

제10장 헌법개정

제128조

① 헌법개정은 국회재적의원 과반수 또는 대통령의 발의로 제안된다.

② 대통령의 임기연장 또는 중임변경을 위한 헌법개정은 그 헌법개정 제안 당시의 대통령에 대하여는 효력이 없다.

제134조

① 헌법개정은 국회 재적의원 과반수 또는 대통령의 발의로 제안된다.

② 국민발의로 개헌안을 국회에 제출할 수 있다. 국민발의 요건은 법률로 정한다.

③ 대통령의 임기 연장 또는 중임 변경을 위한 헌법개정은 그 헌법개정 제안 당시의 대통령에 대해서는 효력이 없다.

▌ 헌법개정에 대한 국민발의권을 신설하였습니다. 그동안 40년 가까이 지나도록 많은 개헌요구가 있었지만 정치권은 이에 대해 무응답이었습니다. 특히 2018년 대통령의 개헌안도 투표불성립으로 폐기되었습니다. 이러한 문제를 보완하기 위해 국민발의제도를 도입하였습니다.

제129조

제안된 헌법개정안은 대통령이 20일 이상의 기간 이를 공고하여야 한다.

제135조

대통령은 제안된 헌법개정안을 20일 이상 공고해야 한다.

▌ 내용의 변화없이 문맥만 수정하였습니다.

제130조

① 국회는 헌법개정안이 공고된 날로부터 60일 이내에 의결하여야 하며, 국회의 의결은 재적의원 3분의 2 이상의 찬성을

얻어야 한다.

② 헌법개정안은 국회가 의결한 후 30일 이내에 국민투표에 붙여 국회의원 선거권자 과반수의 투표와 투표자 과반수의 찬성을 얻어야 한다.

③ 헌법개정안이 제2항의 찬성을 얻은 때에는 헌법개정은 확정되며, 대통령은 즉시 이를 공포하여야 한다.

제136조

① 제안된 헌법개정안은 공고된 날부터 60일 이내에 국회에서 표결해야 하며, 국회 재적의원 5분의 3 이상의 찬성으로 의결된다.

② 헌법개정안은 국회에서 의결된 날부터 30일 이내에 국민투표에 부쳐 국회의원 선거권자 과반수의 투표와 투표자 과반수의 찬성을 얻어야 한다.

③ 헌법개정안이 제2항의 찬성을 얻은 경우 헌법개정은 확정되며, 대통령은 즉시 이를 공포해야 한다.

❚ 내용의 변화없이 문맥만 수정하였습니다.

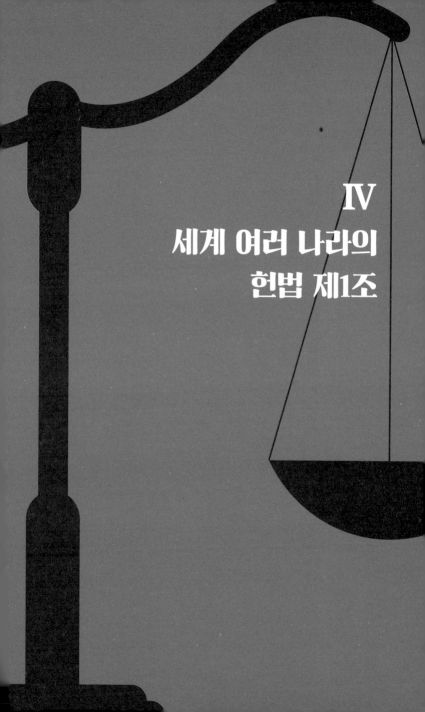

IV
세계 여러 나라의
헌법 제1조

이 장에서는 세계 여러 나라의 헌법 1조를 소개합니다.

헌법 1조는 그 나라 헌법의 가장 상징적인 부분을 나타내는 경우가 많습니다. 일부 국가는 형식적인 내용을 담고 있기도 하지만 대체적으로는 해당 국가의 정체성을 담고 있습니다.

크게 분류하면 독일형처럼 근본적 가치이념을 담고 있는 형태와 국가의 구조형태를 선언하는 것으로 나눌 수 있습니다.

우리나라는 구조형태를 선언하고 있지만 독일은 '인권은 침해될 수 없다'는 식으로 지향하는 절대 가치를 우선 넣고 있습니다.

스위스와 같이 연방에 참여하는 26개 주정부(칸톤)의 이름을 나열하거나 별 의미 없는 조항을 가진 나라도 있습니다. 그 나라의 법체계로 인해 생긴 차이라고 생각합니다.

헌법 1조의 내용만으로 그 헌법이 이렇다 저렇다 판단

할 수는 없지만 미국과 같이 원래의 건국 당시 헌법에는 의회의 기능에 대해 설명만 해놓았다가 나중에 수정헌법 1조를 만들면서 지향할 가치를 담고 있는 나라도 있습니다. 그래서 미국의 경우는 원래의 헌법과 수정헌법 1조를 같이 소개했습니다. 다만 영국처럼 불문법 국가는 별도의 조항을 찾기 어려워 제외했음을 알려드립니다.

외국어로 된 내용을 번역하는 사람에 따라 약간의 단어 차이는 있을 수 있지만 대체적으로 그 국가의 가치지향을 나타내고 있어서 큰 문제는 없을 것입니다.

저는 개인적으로 우리나라 헌법도 '인권의 존중'을 가장 먼저 1조에 배치하면 어떨까를 생각하기도 했습니다만 이런 욕심이 기존의 헌법의 구조와 차이가 나서 오히려 개헌 논의에 불필요한 논쟁을 일으킬까 싶어 기본적으로 다른 나라의 헌법 1조를 소개하는 것으로 하였습니다.

순서는 대한민국을 맨 앞에 소개하고, 다른 나라들은 가나다 순으로 배치했습니다.

대한민국

대한민국은 민주공화국이다.

대한민국의 주권은 국민에게 있고, 모든 권력은 국민으로부터 나온다

그리스

그리스 정부는 의회에 의한 공화국이다.

남아프리카 공화국

남아프리카 공화국은 단일한, 자주, 민주 국가로, 다음 가치에 기초한다.

  a. 인간의 존엄성, 평등의 달성, 인권과 자유의 증진

  b. 인종차별 반대와 성차별 반대

  c. 헌법과 법치에 대한 권위

  d. 보통선거, 평등선거, 임기를 지키는 정기적인 선거

  그리고, 응답성과 개방성, 책임을 보장하기 위한 다당제 민주 정부.

네덜란드

네덜란드에 있는 모든 사람은 동등한 상황에서 동등하게 대우받아야 한다. 종교, 신념, 정치적 견해, 인종, 성별 또는 그 밖의 어떠한 이유로도 차별은 허용되지 않는다.

노르웨이

우리 노르웨이 왕국은 자유롭고, 독립적이며, 분열 및 양도될 수 없는 세습적 입헌군주국이다.

대만

중화민국은 삼민주의를 기본 이념으로 하는 민주공화국이며, 주권은 국민에게 있고, 정치는 국민이 하며, 그 혜택은 국민이 누린다.

덴마크

덴마크는 입헌 군주제에 기반한 주권국가로, 민주주의와 의회제도를 따른다.

독일

인간의 존엄성은 어떠한 경우에도 침해할 수 없는 절대적 가치이다. 모든 국가 권력은 이를 존중하고 보호할 의무가 있다. 이에 따라 독일 국민은 모든 인류 공동체와 세계 평화, 그리고 정의를 실현하기 위한 기초로서 누구도 빼앗을 수 없는 기본적 인권을 인정한다.

라오스

라오스 인민민주공화국은 독립된 국가이며, 모든 민족으로 구성된 통일되고 불가분의 국가이다.

러시아

러시아는 민주주의와 법치주의를 기반으로 하는 연방공화국이다. '러시아 연방'이라는 공식 명칭과 '러시아'라는 약칭은 같은 의미로 사용된다.

루마니아

루마니아는 주권독립, 단일불가분의 국민 국가다.

리비아

리비아는 독립된 민주국가다.

리히텐슈타인 공국

리히텐슈타인은 입헌 군주국이며, 주권은 군주와 국민이 공유한다.

멕시코

멕시코 합중국에서는 모든 사람이 이 헌법과 멕시코를 당사국으로 하는 국제조약에 명시된 인권을 향유하고 인권보호를 보장받아야 하며, 헌법에 규정된 경우 또는 상황을 제외하고는 권리 행사가 제한 또는 정지되지 아니한다.

몰도바

몰도바 공화국은 주권적이고 독립된, 단일하며 불가분의 국가이다.

몽골

몽골국은 독립적이고 주권을 가진 민주국가이다. 국가의 기본 목적은 시민 민주주의 사회를 건설하는 것이다.

미국

이 헌법에 의해 부여되는 모든 입법권한은 미국 연방의회에 속하며, 연방의회는 상원과 하원으로 구성한다.

(수정헌법 제1조)

연방의회는 국교를 정하거나 또는 자유로운 신앙 행위를 금지하는 법률을 제정할 수 없다. 또한 언론, 출판의 자유나 국민이 평화로이 집회할 권리 및 고충의 구제를 위하여 정부에 청원할 수 있는 국민의 권리를 제한하는 법률을 제정할 수 없다.

바티칸 시국

바티칸 시국은 교황성하가 국제법적 주체로 기능하는 독립된 주권 국가이다.

베트남

베트남 사회주의 공화국은 육지, 도서, 해역, 영공을 포함하는 독립 적이고 주권을 가진 통일된 영토를 가진 국가이다.

벨기에

벨기에는 여러 집단과 지역으로 구성되는 연방이다.

벨라루스

벨라루스 공화국은 법치에 기반한 단일 민주 사회국가이다.

북한

조선민주주의인민공화국은 전체 조선인민의 리익을 대표하는 자주 적인 사회주의국가이다.

브라질

해체할 수 없는 주와 지방단체의 연합으로 결성된 브라질 공화국은 민주주의 국가이며 다음 사항에 기초한다.

 1. 주권

 2. 시민권

 3. 인간의 존엄성

 4. 노동의 사회적 가치와 자유경제

 5. 정치적 다원주의

소비에트 사회주의 공화국 연방(구)

소비에트 사회주의 공화국 연방은 연방 내의 모든 인민들의 이익을 대변하고 세계의 사회주의화를 목적으로 하는 노동자 국가이다.

수리남

수리남은 민주공화국이며 국가의 주권은 국민에 있다.

스웨덴

스웨덴의 모든 공권력은 국민으로부터 나온다

스위스

스위스는 연방 체제를 이루는 26개의 주(칸톤)로 구성되며, 국민과 주가 함께 민주 공화국을 형성한다.(실제 헌법에는 26개 칸톤의 명칭이 모두 나열되어 있다)

스페인

스페인은 사회적·민주적 법치국가이며 법질서의 최고의 가치는 자유, 정의, 평등 및 정치적다원주의이다.

주권은 스페인 국민에게 있고, 국가의 모든 권력은 국민으로부터 나온다.

스페인국가의 정부 형태는 의회군주제로 한다.

시리아

시리아 아랍 공화국은 민주적이고, 민중적이며, 사회주의 국가이다

아일랜드

아일랜드 민족은 스스로 정부 형태를 선택하고, 다른 나라들과의 관계를 결정하며, 자신들의 정신과 전통에 따라 정치적, 경제적, 문화적 삶을 발전시킬 양도할 수 없는 주권적 권리를 가진다.

아이슬란드

아이슬란드는 의원내각제 공화국이다.

아제르바이잔

아제르바이잔은 민주적, 법치적, 세속적 공화국으로, 주권은 국민에게 있다

에콰도르

에콰도르는 법치국가이며 주권은 국민에게 있다.

오스트리아

오스트리아는 민주공화국이며, 모든 법과 권력의 근원은 국민에게 있다.

이집트

이집트 아랍공화국은 주권국가이며 불가분의 국가로, 그 어떤 부분도 양도될 수 없다.

이탈리아

이탈리아는 국민의 노동에 기초한 민주공화국이다. 주권은 국민에

게 있으며, 국민은 헌법이 정한 절차와 범위 안에서 그 권리를 행사한다.

일본

천황은 일본국의 상징이고, 일본 국민 통합의 상징으로서, 그 지위는 주권을 갖는 일본 국민의 총의에 근거한다.

중국

중화인민공화국은 노동 계급이 지도하고 노농동맹을 기초로 하는 인민민주독재 사회주의 국가이다. 사회주의 제도는 중화인민공화국의 근본제도이다. 중국공산당의 영도는 중국특색사회주의의 가장 본질적인 특징이다. 어떠한 조직이나 개인이 사회주의 체제를 파괴하는 것을 금지한다.

칠레

인간은 자유롭고 평등하며, 존엄하고 권리를 보장받는 존재로 태어났다.

캄보디아

캄보디아 왕국은 독립적이고 주권을 가지며, 평화롭고, 항구적으로 중립적이며 비동맹 국가이다.

캐나다

캐나다 권리자유헌장은 그 안에 명시된 권리와 자유를 보장한다. 다만, 자유민주주의 사회에서 꼭 필요하다고 인정되는 경우에만 법률로써 합리적인 제한을 할 수 있다.

콩고민주공화국

콩고민주공화국은 1960년 6월 30일 국경 내에서 법치국가이자 독립국가, 자주국가, 통합국가이며 불가분적이고 사회적이며 민주적인 정교분리 국가이다.

쿠바

쿠바는 자주 사회주의에 의한 독립을 누리는 노동자의 국가로, 정치적 자유의 향유, 개인적이고 집단적인 복지, 인류의 일치단결을 위하여, 통일된 민주 공화국의 형태로 공익과 공공으로써 조직되었다.

태국

태국은 통일된 분할될 수 없는 왕국이다.

국가 원수와 태국군의 원수로서 왕은 그 신성한 왕위에서 군림하며,

이를 범할 수 없다. 그 누구도, 어떠한 수단과 행위로도, 왕을 범하여서는 안 된다.

팔레스타인

팔레스타인은 거대한 아랍 세계의 일부이며, 팔레스타인 국민은 아랍 민족의 일부이다. 아랍의 통합은 팔레스타인 국민이 달성하기 위해 노력해야 할 목표이다.

포르투갈

포르투갈은 인간의 존엄성과 국민의 의지를 기반으로 하는 주권국가임을 선언한다.

폴란드

폴란드 공화국은 모든 국민의 공익을 위한다

프랑스

프랑스는 나눌 수 없는 하나의 국가이며, 종교와 정치를 분리하고, 민주주의와 사회적 가치를 추구하는 공화국이다. 프랑스는 모든 시민이 자신의 출신 배경이나 인종, 종교와 상관없이 법 앞에서 평등하다는 것을 보장한다. 프랑스는 모든 종교와 신념을 존중하며, 국가 운영은 지방분권 방식을 따른다.

핀란드

핀란드는 자주 공화국이다.

필리핀

필리핀은 민주공화국이며 주권은 국민에게 있으며 모든 정부권력은
국민으로부터 나온다

헝가리

우리나라의 이름은 헝가리로 한다.